中国诗歌入门寻味

何 飞 编著

贵州出版集团
贵州人民出版社

出版说明

兴趣是最好的老师,知识的学习更是如此。如果学习者缺乏兴趣,阅读就将是一个枯燥无味的过程,轻松快乐的学习也就无从谈起。基于这样的事实,本着"兴趣阅读、快乐学习"的理念,我们经过深入调研,与国内的众多专家学者及一线教师全力合作,为所有希望将学习变得轻松愉快的朋友奉献上"快乐阅读"书系。

"快乐阅读"书系,以知识的轻松学习为核心,强调阅读的趣味性。它力求将各种枯燥无味的知识以轻松快乐的方式呈现,让读者朋友便于理解接受。它的各种努力,只有一个目标,即力图将知识学习过程轻松化、趣味化。读者朋友在阅读过程中,既能保持心情愉快,又能学有所得。在轻松愉快的氛围中学习,让知识学习成为读者朋友的兴趣,本身就是提高学习效率最有效的途径。

"快乐阅读"书系首批图书分为"语文知识"、"作文知识"、"数学知识"、"文学导步"、"文学欣赏"、"语言文化"、"个人修养"七大板块,各个板块之下又有细分。英语、生物、化学等相关的知识板块将会在以后陆续推出。针对不同学科知识的特点,本书屋以不同的方式来达到轻松快乐的目的。要么是以故事的形式,在故事的展开之中融入相关知识;要么是理清该知识点的背景,追根溯源,让读者朋友知其然,更知其所以然,让理解更为轻松。总而言之,就是以最恰当的方式呈现相关的知识。

希望这套"快乐阅读"书系能陪伴每一位读者朋友度过美好的阅读时光。

编 者

2020 年 10 月

目　录

开篇导游		001
第一章	半江瑟瑟半江红——山水篇	016
第二章	柳暗花明又一村——田园篇	042
第三章	醉卧沙场君莫笑——边塞篇	061
第四章	只愿君心似我心——爱情篇	083
第五章	每逢佳节倍思亲——亲情篇	112
第六章	天下谁能不识君——友情篇	124
第七章	暗香浮动月黄昏——咏物篇	145
第八章	天生我材必有用——咏怀篇	161
第九章	六朝如梦鸟空啼——咏史篇	180

开篇导游

中国古代诗歌绚丽多彩，品类繁多，成绩斐然。在整个诗歌的流变历史中，曾有许多诗人、学者都以各种方式将它归类和解读，这些分类在某种程度上都体现出诗歌本身的多样性以及解读视角的多元化。我们这里主要以历史朝代的衍变来划分诗歌发展的各个阶段，从而在整体上对中国古典诗歌的发展史有所把握。

一　先秦两汉

先秦时期是中国诗歌的产生和发展时期。像每一种新鲜事物的诞生一样，诗歌自诞生之日起就显示出它惊人的生命力，深深地影响了中国的文化。《诗经》是我国第一部诗歌总集，又称《诗》、《诗三百》，收集了从西周初年到春秋中叶的诗歌305首，按照音乐不同分为"风"、"雅"、"颂"三类。"风"指的是《国风》，分别为周南、召南、邶、卫、王、郑、齐等15个地区的民歌，共160篇。这些诗篇的特点是"饥者歌其食，劳者歌其事"，多表现下层民众的生活、感情。其中歌颂爱情的部分可以说是整个诗集的精华所在。"雅"则是周王畿的乐歌，又因产生的时代不同分为"大雅"和"小雅"，共105篇。诗歌内容多反映社会生活，政治讽喻、农事、宴饮等内容都有所表现。"颂"共有40篇，大体都是祭歌、赞美诗，是统治者用于宗庙祭祀活动时所奏的乐章。《诗经》标志着我国诗歌艺术上的成熟，也为后世的现实主义奠定了坚实的基础。

中国诗歌的另一个源头就是"楚辞"。战国时期诗人屈原吸收了中原文化和楚地文化的精髓,并融合古代的神话传说,创造了一种新的文学体裁即"楚辞"。它的特点是"书楚语,作楚声,纪楚地,名楚物",富有浓厚的楚国地方色彩。它打破了《诗经》中以"四言为主"的格式,使得诗歌的格式更加丰富,表现力也得到了加强。屈原的《离骚》就是"楚辞"最高成就的代表。《离骚》是中国古代诗歌史上最为宏大的长篇叙事诗之一,诗歌表现出极为强烈的政治愿望和为理想献身的精神,感情充沛。诗人以"香草"自况更是开创了"香草美人"的传统。屈

屈原画像

原所开的这种浪漫主义的风格对后世影响深远。后来楚国的宋玉继承了屈原的风格,写了许多写景抒情、细致入微的作品,对"楚辞"也作出了重要贡献。

两汉时期,我国古典诗歌取得了很高的成就。汉乐府和《古诗十九首》都是汉代的佳作。现存的汉乐府民歌大部分是东汉时期的作品,它们以多样的形式,广泛反映了当时的社会生活状况。乐府原指官方设置的音乐机构,后来把由此机构在民间收集、采编的民歌称之为"乐府"。乐府诗中,《东门行》、《上邪》、《陌上桑》、《孔雀东南飞》等对后世影响深远。

五言诗作最初始于民间,逐渐被文人所接受。汉代出现了最早的文人五言诗,《古诗十九首》就是文人五言诗成熟的标志,它最早收入在萧统所编的《文选》中。《古诗十九首》的作者现在已经无从考证,其表现的主题大致可分为:游子思归、恋人思念、仕途失意等。其语言平淡自然,格调清晰明朗,意境高远。钟嵘在《诗品》中对《古诗十九首》评价道:"惊心动魄,一字千金。"可见它在中国诗歌史上的地位。

二 魏晋南北朝

魏晋南北朝是文学的自觉时代,这个时代诗人辈出。汉魏之际社会比较动荡,思想相较于汉代独尊儒术而言较为活跃。曹操较少受儒家正统思想的影响,在他们父子的提倡下,诗歌的创作得到了很大的发展。以"三曹"、"建安七子"和女诗人蔡文姬为代表的这批诗人,秉承着汉乐府的现实主义传统,对社会的现实投入了较多的关注。他们不仅深化了"诗言志"的优良传统,而且还开启了"诗缘情"的风气。后世把这一时期的诗风称作"建安风骨"。另外,值得一提的是曹丕的《燕歌行》两首,标志着文人七言诗的成熟。

后来,随着世风的变易,诗歌创作呈现出与建安时代不同的风貌。阮籍、嵇康继承了建安文学的优秀传统,进一步推动了五言古诗的发展。他们的诗,或沉郁艰深,或风调峻切。西晋太康时期是诗歌繁荣期,诗坛有"三张二陆两潘一左"("三张"指诗人张载与其弟张协、张亢;"二陆"指文学家陆机与弟陆云;"两潘"指文学家潘岳与侄潘尼;"一左"指诗人左思。这八人代表了西晋太康文学的最高成就)之称,但多数作品流于繁缛,唯左思的诗歌骨力遒劲,承传了建安文学的精神。其《咏史》诗开启了咏史和咏怀结合的新路子。在玄学的影响下,东晋"理过其辞,淡乎寡味"的玄言诗泛滥一时,能够超越流俗的大诗人便是陶渊明。陶渊明的时代,"真风告逝,大伪斯兴",他因贫而出仕,目睹官场黑暗,不愿同流合污,决心辞官归隐,保持自我的独立人格。他的田园诗描绘自然风光的美丽,歌颂田园生活的平和,也表现了亲身参加农业生产劳动的喜悦和辛劳。陶诗创造了情、景、理交相融合,平淡和醇美统一的艺术境界。《归园田居》、《饮酒》是陶渊明田园诗的代表作。陶渊明的诗歌对后世影响很大,尤其是对唐代的山水田园诗派。

南北朝诗歌的山水诗则在谢灵运手上大放光芒,其后谢朓的山水诗也写得清新圆熟,世称谢灵运、谢朓"大小谢"。诗人鲍照出身寒微,擅长用七言古诗体来抒发愤世嫉俗的情怀。他隔句押韵的七言歌行为七言诗的发展作出了贡献。而此时,北方文坛稍嫌荒寂,最有成就的是由南入北的诗人庾信。他的诗赋集南北文学之大成,将南方精美圆熟的艺术技巧和北方刚健爽朗的精神融合,成为唐代诗风的先声。总的来说,南朝诗人们对声律的追求,为唐代文学、尤其是唐代近体诗(近体诗,又称今体诗或格律诗,为有别于古体诗而有近体之名,在近体诗篇中句数、字数、平仄、押韵都有严格的限制。近体诗是唐代以后的主要诗体)的定型和成熟作了充分的准备。此外,南北朝乐府民歌也足以与汉乐府诗媲美。南朝的吴歌、西曲明丽柔婉,北朝少数民族歌曲则多刚健亢爽,风格迥异,但都情意真切。

三 唐代

　　唐朝是中国古典诗歌最辉煌的时期,诗歌是唐代文学的主要成就。唐代的诗人像李白、杜甫、白居易等都是世界闻名的大诗人,除他们外,更有不计其数的诗人,像满天星斗一样闪烁在古典诗歌的长河之中。他们的作品,保存在《全唐诗》中就有48900多首。唐诗的题材非常广泛,有的从侧面反映当时社会的阶级状况和阶级矛盾,揭露了封建社会的黑暗;有的歌颂正义战争,抒发爱国思想;有的描绘祖国河山的秀丽多娇;还有的抒写个人抱负和遭遇,表达儿女爱慕之情,诉说朋友交情、人生悲欢等等。总之,自然现象、政治动态、劳动生活、社会风习、个人感受等维度,都逃不过诗人敏锐的目光,成为他们诗作的题材。在创作方法上,唐诗既有现实主义的流派,也有浪漫主义的流派,而许多伟大的作品,则又是这两种创作方法相结合的典范,形成我国古典诗歌的优秀传统。

　　唐诗的形式和风格丰富多彩、推陈出新。它不仅继承汉魏民歌、乐府的传统,并且大大发展了歌行体的样式;不仅继承了前代的五、七言古诗,并且将其发展为叙事抒情的鸿篇巨制;不仅扩展了五言、七言形式的运用,还创造了风格特别优美整齐的近体诗。近体诗是当时的新体诗,它的创造和成熟,是唐代诗歌发展史上的一件大事。它把我国古曲诗歌音节和谐、文字精练的艺术特色,推到前所未有的高度,为古代抒情诗找到一个最典型的形式,至今还特别为人们所喜闻乐见。

唐代诗歌一般来说可以分为初唐、盛唐、中唐、晚唐四个时期。

唐代初期,诗歌创作仍受南朝诗风的影响,题材较为狭窄,追求华丽辞藻。待被称为"初唐四杰"的王勃、杨炯、卢照邻、骆宾王的出现,才扩大了诗的表现范围,从台阁之中走向关山和边塞,显示出雄伟的气势和开阔的襟怀。他们无论写边塞,还是写行旅、送别,都有着独特的情思风貌。

在初唐的后期,出现了两位重要诗人:陈子昂和张若虚。陈子昂主张诗应该有所寄托,他的38首《感遇》诗,就是这一主张的实践。但他写得最好的诗是那首《登幽州台歌》:"前不见古人,后不见来者。念天地之悠悠,独怆然而涕下。"该诗抒写作者怀才不遇的悲怆,但其中蕴含的是自信和抱负,情怀壮伟,有一种不被理解的伟大孤独感。张若虚的《春江花月夜》,写月夜春江明丽纯美的境界,融入浓烈情思和深刻哲理。《春江花月夜》婉转的音调,无穷的韵味,创造了非常完美的意境。陈子昂和张若虚艺术上的成熟,透露出盛唐诗歌即将到来的信息。

盛唐是唐诗发展的高峰,此时诗坛群星辉映。王维和孟浩然善于表现山水田园的美,表现人与自然和谐相处的那种宁静平和的意境。王维的山水诗融诗情画意于一体,把人引向洋溢着蓬勃生机的秀丽明净的境界。其《山居秋暝》写雨后的松林间月色斑驳,流泉淙淙。浣纱女踏着月色从竹林间喧闹着归来;渔人正分开荷叶摇舟远去。《山居秋暝》所表现的山村之夜,如诗如画。他还有一些诗,宁静中带几分禅意。在唐代的重要诗人中,他是受佛教思想影响最为明显的一位。但他不是一位完全遁世的诗人,有些诗写得慷慨激昂,有的诗表现出浓烈的人间情思。那首《送元二使安西》,由于写出了人们深情惜别时的普遍感受,后来被编入乐府,成为离筵上反复吟唱的歌曲《阳关三叠》。孟浩然则善于用最省净的笔墨,写山水田园的秀美。《过故人庄》写做客田家的喜悦,恬静的农舍,真挚的友情,充满浓郁的生活情趣。《春晓》写春日那种明媚、静美、舒畅的感受。而那首《宿建德江》,只用20个字,便写出了无尽的情思韵味:"移舟泊烟渚,日暮客愁新。野旷天低树,江清月近人。"在这朦胧而静谧的境界中,散发出一缕淡淡的乡愁。孟浩然的许多诗,都以极俭省的文字,表现多重境界和情思。

盛唐有一些诗人,善于写边塞生活,如王昌龄、高适、岑参、祖咏等。他们大都到过边塞,领略过边塞的壮丽景色,向往到边塞立功。在他们的诗中,祖国山河的壮美与保家卫国的豪迈情怀表现得淋漓尽致。王昌龄写了二十几首边塞诗,最有名的是《出塞》《从军行》。他的边塞诗有一种深厚的历史感和刚劲的风格。其他题材的诗他也写得很好,其七言绝句有极高的艺术成就。高适的诗风趋于雄壮慷慨,如《塞下曲》,从中我们可以感受到他的豪侠气质。边塞诗人的代表还有岑参。荒漠与艰苦,在岑参笔下都成了充满豪情的壮丽图画。

最能反映盛唐精神风貌、代表盛唐诗歌艺术成就的,是伟大诗人李白。李白是一位性格豪迈、感情奔放、不受拘束而又向往建功

王昌龄塑像

立业的诗人,他的诗充分表现了盛唐社会中士人的自信与抱负,神采飞扬,充满理想主义色彩。他的诗成就是多方面的,极大地丰富了古体诗的表现技巧,把乐府诗的写作推进到一个新的高度;他的七言绝句和王昌龄的七言绝句一起被后世推为唐人七绝的代表作。他的诗有着鲜明的艺术个性:爆发式的抒情、变幻莫测的想象和明丽的意象。他把乐府和歌行写得有如行云流水,感情喷涌而出时如黄河之水,奔腾千里,一泻而下。他生于盛唐,感受着盛唐昂扬的时代精神,晚年又亲眼看到唐代

社会的衰败,理想和现实之间产生巨大反差。他的诗里既有建立不世功业在指顾之间的信心,又常常有愤慨不平和对于朝廷黑暗的抨击。他的诗想象瑰奇,常常想人所想不到处。前人评他的诗,说是"发想无端",《蜀道难》《梦游天姥吟留别》都是例子。这些诗在想象之中,又常常带着夸张的成分。写愁生白发,说是"白发三千丈";写庐山的五老峰,说"青天削出金芙蓉";写黄河,说是"黄河落天走东海,万里写入胸怀间"。李白是一位富于想象的诗人,他的诗常常带着强烈的主观色彩。又由于他性格开朗豪放,他的诗意象明丽清新、色彩鲜艳。他是一位天才的诗人。

当时另一位伟大诗人,是被后人称为"诗圣"的杜甫。杜甫比李白小11岁,两人的深厚友情成为千古传颂的文坛佳话。杜甫青年时,和许多盛唐诗人一样,有过"裘马轻狂"的漫游生活。但是他的主要活动是在"安史之乱"以后。他深受儒家思想影响,有"致君尧舜"的抱负,一生却穷愁潦倒,因此更能体会到民间的疾苦。"安史之乱"给唐代社会带来了巨大的破坏,半个中国沦为丘墟。杜甫在战火中流离转徙,写下了"三吏"、"三别"、《北征》《兵车行》等一系列表现民生疾苦的诗作。战争中的许多重大事件、战争带来的破坏、战火中百姓的心态,在杜诗中都有极为生动的反映。唐代没有任何一位诗人,像他那样深广地反映"安史之乱"的历史,因此他的诗被称为"诗史"。他由于自身的坎坷遭遇,对百姓的苦难往往感同身受,发为歌吟,家国之痛与个人的悲哀也就自然融为一体。《春望》《登楼》都是这样的诗。"戎马关山北,凭轩涕泗流";"感时花溅泪,恨别鸟惊心",百感交集,既是身世之感又是家国之悲,二者已经很难分开了。

在艺术手法和艺术风格上,杜甫与李白不同,李是感情喷涌而出,杜是反复咏叹;李是想象瑰奇,杜是写实;李是奔放飘逸,杜是沉郁顿挫。一般认为,在中国的诗歌发展史上,杜甫带有集大成的性质,对于后来者有着极为深远的影响。

唐代中期,诗歌的发展走向多元化,出现了有明确艺术主张的不同流派。韩愈、孟郊和他们周围的一些诗人,在盛唐诗歌的高成就面前,另寻新路。他们追求怪奇的美,重主观,常常打破律体诗(律体诗是唐朝人根据南北朝时期律体诗歌的雏形逐渐完善、定型的。常见的有五言和七言句,也有极少的四言、六言句,律体诗歌的句式和整篇结构,即言数、对仗、韵律、韵脚、粘等方面都有严格的规定)约束,以散文句式入诗。在这一派的诗人里,李贺是一位灵心善感的天才诗人,但他只活了27岁。在他的诗里,充满青春乐趣的五彩缤纷的世界、人生寥落的悲哀,与过早到来的迟暮之感交织在一起。他的诗,想象怪奇而丰富,意象色彩斑斓。在这个诗派里,李贺的诗有着特别鲜明的风格特征。这时的另一个诗派,以白居易、元稹为代表。他们主张诗应有为而发,应有益于政教之用。白居易提出"文章合为时而著,歌诗合为事而作"。元、白都写有新题乐府,表达了对国家的关心、对黑暗现象的抨击和对民生疾苦的同情。在艺术表现上,白居易主张诗歌要写得通俗易懂,趣味与韩、孟诗派正好相反。白居易既写有大量的讽喻诗,也写了不少闲适诗,而艺术成就最高的,是长篇歌行《长恨歌》和《琵琶行》。中唐的著名诗人还有柳宗元和刘禹锡,他们的艺术趣味既不同于韩、孟,也不同于元、白,有着自己的特点。

晚唐诗歌又一变。到了晚唐,中唐的那种改革锐气消失了,诗人们纷纷从外在精彩世界走向狭隘化自我的书写。这时出现了大量的咏史诗人,杜牧、许浑是其代表。杜牧是写咏史诗的大家,对历史的思索其实就是对现实的感慨,历史感和现实感在流丽自然的形象和感慨苍茫的叹息中融为一体,《江南春》、《泊秦淮》等诗都是杜牧的咏史佳作。晚唐艺术成就最高的一位诗人是李商隐。唐诗的发展,到盛唐时期,达到了意象玲珑、无迹可寻的纯美境界,是一个高峰。杜甫由写实而走向集大成,是又一个高峰。中唐诗人在盛极难继的情况下,另辟蹊径,或追求怪奇,或追求平易,别开天地,又是一个高峰。诗发展至此,大有山穷水尽之势。而李商隐以其深厚的文化素养、惊人的才华,开拓出一个充满朦胧、幽约之美,让人咀嚼回味的诗的境界,达到了新的高峰。他是一位善于表现心灵历程的诗人,感情浓烈而细腻。他的爱情诗深情绵邈,婉约迷离,刻骨铭心而又不易索解。他的不少诗(特别是无题诗)情思流动是跳跃式的,意象组合是超越逻辑的,意旨朦胧而情思可感,往往可作多种解释。他的艺术技巧,达到了出神入化的境界,极大地扩大了诗的感情容量,为唐诗的发展作出了不可磨灭的贡献。

四　宋代

宋代文学基本上是沿着中唐以来的方向发展起来的。宋代的文学家普遍关注国家和社会,他们的作品,尤其是被视为正统文学样式的诗文,反映社会现实、干预政治始终是最重要的主题,因此也加强了诗文中的议论成分。由于唐代诗歌的艺术高度很难再企及,所以宋代诗坛出现了一种整体性的风格追求,那就是以平淡为美。

宋诗可分为四个时期。第一时期为北宋前期,即从北宋开国到英宗末(960—1067);第二时期为北宋后期,即从神宗到北宋末(1068—1127);第三时期为南宋前期,即从南宋初到宁宗开禧末(1127—1207);第四时期为南宋后期,即从宁宗嘉定初到南宋末(1208—1279)。

北宋前期诗人们基本上偏于消极地接受唐诗的影响,还没有来得及积极地创造发展。他们主要师法的是白居易、贾岛、李商隐等人。效法白居易的,以王禹偁为代表。王禹偁自称"本与乐天为后进,敢期子美是前身"。当时学白居易的还有徐铉、李昉等人。也有效法贾岛的,主要有九僧和魏野、寇准等人,他们除贾岛外,还效法晚唐其他一些诗人,他们声气相通,成为一个流派,有名于世。而效法李商隐的主要有"西昆体"诗派。"西昆体"以诗集《西昆酬唱集》而得名,被收入这本诗集的作者有17人,其中主要是杨亿、刘筠、钱惟演三人。他们效法李商隐的善对偶、用典故、尚辞藻,其诗多雕琢堆砌。

苏舜钦、梅尧臣、欧阳修的诗歌创作,主要在宋仁宗、英宗时期。他们都致力于改变当时的诗风,所针对的是当时流行的"西昆体"。和他们同时的石介,反对"西昆体"最激烈,曾作《怪说》加以抨击。苏、梅、欧三人却以他们丰富的创作成果来影响当世。宋诗在很大程度上是沿着他们开创的道路发展前进的。这一派共同的倾向和特点是重视思想内容,力求摆脱唐诗的风调。但由于重视思想内容,他们爱在诗歌中发议论,特别是一些涉及政治、社会问题的较长的诗,往往议论纵横,反复述说,明代袁宏道说:"其弊至以文为诗。"

北宋后期成为宋代诗歌的繁荣时期。这时诗人辈出,形成不同的流派。主宰诗坛有王安石、苏轼、黄庭坚三人。他们的诗歌被称为"荆公体"、"东坡体"、"山谷体"。黄庭坚在当时影响尤大,为江西诗派的开创者。三人之中,王安石年辈晚于欧阳修,受到欧阳修的推崇。苏轼出欧阳修门下,黄庭坚又出自苏轼门下,从中可以看出北宋后期的诗是欧阳修一派的继承和发展。

王安石、苏轼、黄庭坚等人有共同的倾向和特点:他们都比较重视思想内容,他们写的古体诗,不同程度地有着以文为诗或以议论为诗的习气。这都是接受了欧阳修一派的影响。

苏轼在接受欧阳修一派影响方面表现很突出。他虽也"以文为诗"、"以议论为诗",但是,苏轼与其他诗人不同之处就是他才气奔放,随物赋形,往往能够灵活把握创作的度。苏诗风格是多方面的,刘克庄《后村诗话》说:"坡诗略如昌黎,有汗漫者,有谨严者,有丽缛者,有简淡者。翕张开合,千变万态。"(意思是说苏轼的诗有点像韩愈,有的漫无标准,有的却非常严瑾,有庸华奢丽的,也有平淡简约的诗歌,开合有度,变化万千。)这一评价非常中肯。苏轼门下的诗人很多,如秦观、张耒、黄庭坚、晁补之等,都是一时俊彦,但他们各有特点,不受"东坡体"的限制。

黄庭坚写诗,在注重思想内容的同时,用了很大的心思来研究形式技巧。诗歌在他手里,可说是成了专门之学。他极力发展韩愈、梅尧臣以来的那种横空排奡的奇句硬语,使诗中的这类语句给读者留下深刻的印象。他又在运用典故、押韵等方面下功夫,功力超过苏轼。他又很好奇,喜用奇事、奇字等。当时学黄庭坚的人很多,并形成"江西诗派"。它一时间成为宋代影响最大、最深远的一个诗歌流派。

到了南宋前期,由于"江西诗派"讲究拗律,喜用硬语,容易导致枒桠粗犷之病,"江西诗派"的变革已然是势在必行了。这时出现的"南宋四大家",代表了宋代诗歌的第二个繁荣时期。"四大家"(尤袤、杨万里、范成大、陆游)中,尤袤的诗集已佚,清尤侗辑有《梁谿遗稿》,但只有两卷。陆游、范成大、杨万里的作品流传下来的很丰富,特别是陆、杨二人,作品数量之多是惊人的。他们诗歌的风格,就其主要方面来说,恰好和江西诗派相反。

南宋后期,"永嘉四灵"(徐玑、徐照、翁卷、赵师秀)的出现,宋诗发生了一个新的转变。"四灵"转学晚唐,似乎又回到宋初的时代。"四灵"的兴起,是为了矫"江西派"之弊。徐玑、徐照、翁卷、赵师秀这四个诗人都是永嘉人,都出于"永嘉学派"叶適之门。他们写诗不重视思想内容,少用典故,不发议论,少用古体,讲求精工,和欧阳修、梅尧臣以来一直到"江西诗派"的宋诗传统大不相同。这在当时一些人看来,是很新鲜的,对于一些腻味于江西诗派的人来说,更能引起他们的兴趣。

宋亡前后的代表诗人,则有文天祥、汪元量等人。他们有的投身抗元斗争,坚贞不屈,壮烈牺牲;有的转徙流离,悲歌慷慨。在艺术上也有一定成就,尤以沉郁悲壮的风格为宋代诗坛增添了最后一抹光彩。

五 元、明、清

元初的诗文作家大多是由宋、金入元的,他们受江湖诗派和元好问的影响较深。到了中期,诗坛以宗唐为主导倾向,对于宋诗则多采取摒弃态度。元人在主观上努力学习唐人的浑融流丽、体式端雅,而力矫宋诗的瘦硬生涩之弊。但是在实际创作中他们学唐多止于形貌,且多取平和淡远、温润流丽一类,后期诗人则大多学中晚唐秾丽奇诡之体。由于未能取法乎上,所以成就有限,艺术独创性尤其不足。元代影响较大的诗人有元好问、戴表元、赵孟頫、揭傒斯、刘因、杨维桢、萨都剌等。

有明一代近300年，诗歌的发展成就远远超过了元朝，诗歌发展和演变也非常复杂，按照时间顺序，大致可将其分为六个时期。

第一个时期为明初洪武、建文年间（1368—1402）。明初诗人虽然有的已表现出模拟唐人的趋势，但基本上还能"各抒心得"，做到"隽旨名篇，自在流出"。其中成就较大者是一些经历过元末社会大动乱的诗人，以刘基、高启最为著名。刘基以雄浑奔放见长，高启则以爽朗清逸取胜。除刘基、高启外，像吴地诗人袁凯、杨基、张羽、徐贲，闽中诗人张以宁、林鸿，岭南诗人孙蕡，西江诗人刘崧，都有一定的创作特色。

第二个时期为永乐至天顺年间（1403—1464）。此时出现了以杨士奇、杨荣、杨溥的作品为代表的"台阁体"诗歌。三杨均是台阁重臣，官高爵显，备受宠信。所以他们的诗歌充溢着大量应制和颂圣之作。表面看来雍容华贵，实际内容极为贫乏。当时不为台阁体所困而显示自己创作个性的诗人只是少数，如于谦、郭登等人。他们关心国家命运，能透过升平景象看到社会矛盾，对人民的悲惨命运有所同情。

第三个时期为成化至正德年间（1465—1521）。其时台阁体诗歌已为广大诗人所不满，以李东阳为首的"茶陵诗派"攻之于前，以李梦阳、何景明为代表的"前七子"反之于后。"前七子"大多是在政治上敢于与大官僚、大宦官作斗争的人物，所以他们能够面对现实，写出如《元明官行》《岁晏行》等讽世之作。就在前七子复古运动大盛之际，江南也出现了一批画家兼诗人，如沈周、文征明、唐寅、祝允明，他们作诗不事雕饰、自由挥洒，虽不免失之浅露，但其中亦有些生趣盎然、才情烂漫的诗歌。

第四个时期为嘉靖、隆庆年间（1522—1572）。嘉靖初，前七子复古运动中所暴露出来的模拟倾向日趋严重，这时"后七子"再度兴起，以"诗必汉魏、盛唐"为主张的复古主义又统治了诗坛。"后七子"包括李攀龙、王世贞、谢榛、宗臣、吴国伦、梁有誉、徐中行。他们当中最早提出论诗纲领的是谢榛，他主张出入于盛唐14家之中，兼取众长，自成一家，取径较宽。

第五个时期为万历、天启年间（1573—1627）。当时诗坛意识到"前后七子"诗歌理论和创作的弊病，于是出现了一批有识之士，如徐渭、汤显祖、李贽等人，反对复古模拟倾向。李贽提出的"童心说"，为"公安"、"竟陵"的主张奠定了基础。公安"三袁"深受李贽的影响，他们在"童心说"的基础上较为完整地阐明了"独抒性灵"的诗歌理论。随后出现的"竟陵派"以钟惺、谭元春为代表，他们既吸取公安派反拟古、反传统，提倡"独抒性灵，不拘格套"的长处，又对他们流于轻率浅露深表不满，想以"幽深孤峭"的风格来补弊纠偏。

第六个时期为崇祯及南明诸王年间（1628—1647）。这期间诗歌的主要成就，表现在既是政治结社又是文学团体的复社、几社里的几位诗人身上。其中最为著名的是陈子龙和夏完淳。陈子龙反对当时影响较大的"公安派"和"竟陵派"，立意与之抗衡。他的诗歌，有的对灾民流离失所的惨景寄寓了深切同情，有的对时事唱出慷慨的悲歌，这些都带有明显的时代色彩。夏完淳的创作在某种程度上表现了一种英雄出少年的气

陈子龙画像

魄，克服了模拟六朝以前诗歌创作风格的缺点，其创作表现出浓郁的战斗气息，成为明代诗歌的最后一抹余晖。

到了清代，诗人大多借鉴前代，扬长补短，对于古典诗歌有所发展。但清代的文字狱，使有些诗人畏惧政治迫害，同时又迷惑于表面的平静，冲淡了对社会矛盾的深入观察和揭露，这限制了清诗获得更高成就。然而总的看来，清代诗人不满于元诗的绮弱，明诗的复古和轻浅、狭窄的毛病，在技巧上兼学唐宋诗的长处，不断追求创新，并在不同程度上反映了

当时的现实,流派迭出,风格多样。

清初诗坛的主流是"遗民诗"。在当时汉族人民和清朝统治者之间存在尖锐的民族矛盾的情况下,具有反清思想的明朝"遗民"诗人,他们写了不少表现民族大义、闪耀战斗光芒的诗篇。有的诗篇因受禁锢而失传,但流传下来的还是富有反抗精神的。这些诗人,主要有黄宗羲、钱澄之、归庄、顾炎武、吴嘉纪、王夫之、屈大均等。以明臣而仕清的诗人,最著名的是钱谦益、吴伟业、龚鼎孳,史称"江左三大家"。三人中,钱谦益声名和影响都较大,他作诗反对明人的偏激,力扫"前后七子"和"竟陵派"之弊。他兼取唐诗及宋、金诸名家之长,才藻富赡,在明代时的作品,已显露能够挽诗坛衰势的气概;入清后的诗,哀思明室,托兴更深。钱谦益是常熟人,所以又被称为"虞山诗派"的领袖。

康熙、雍正年间(1662—1765)第一流诗人应推王士禛。王士禛作诗提倡"神韵",左右诗坛数十年。他擅长的七言近体诗,善于融情入景,神韵悠然。他主要崇尚的是王维、韦应物一派的"唐音",在艺术上有新的特色;惟内容多属模山范水、吊古抒情之类,是清诗进入社会发展的"盛世"之后反映趋于淡漠的社会矛盾的标志。和王士禛齐名的还有朱彝尊、查慎行。查氏是清代学"宋诗派"成就最大的人。他的诗受苏轼、陆游的影响最深,用笔劲炼,运思刻入,不流于滑易。

雍正和乾隆初年的厉鹗,作诗幽峭妍秀,工于炼字,五古尤胜,在学宋诗派中能够别开生面,号为"浙派"领袖。乾隆时期的重臣沈德潜作诗注重"格调",其诗论被称作"格调说"。他的诗效法汉魏盛唐,少数篇章能反映现实,多数作品则具有浓厚的封建卫道气息,较乏新鲜活泼的情致,但他的选诗和诗歌评论的影响颇大。在"神韵"、"格调"、宗唐、宗宋各派诗歌流行之后,相仿相袭,清诗又逐渐形成新的窠臼。这时期的诗人,能开新格局的是袁枚和赵翼。袁、赵和蒋士铨合称"乾隆三大家"。除这三家外,郑燮所作古诗如《私刑恶》、《逃荒行》、《孤儿行》等继承古代乐府诗的优良传统,朴素生动,具有同情人民的思想,感情较深厚。黄景仁是一个早熟而短命的诗人,诗才极高。他描写社会不平和个人遭遇不幸之作,感情强烈,笔调清新,境界真切,兼有"清窈之思"和"雄宕之气",读起来使人有回肠荡气之感。这时期还有提倡"肌理"说的翁方纲,他把经史考据、金石勘研都写进诗中,成为所谓的"学问诗"。

果然如黄景仁预感的,巨大的忧患降临到中国,从鸦片战争始中国陷入内忧外患之中。也正是在此时出现了杰出的思想家和诗人龚自珍。和龚自珍齐名的魏源也是一位思想家和诗人,其忧国爱民的诗作同龚自珍近似。鸦片战争中的民族英雄林则徐也有许多好诗传世。鸦片战争之际,出现过许多爱国诗篇,如诗人张维屏的长诗《三元里》就写得有声有色,表现了鲜明的爱憎,热情地歌颂了人民群众的抗英斗争。

到19世纪后期,清王朝内外交困,社会危机进一步加深。随着救亡运动的展开与发展,梁启超等人提出"诗界革命"的口号,要求"以旧风格含新意境"(梁启超语),也即以旧形式表达新思想,应该说这也是一种进步。也就在这时出现了杰出诗人黄遵宪。

19、20世纪之交,旨在推翻清王朝的革命运动蓬勃兴起,许多革命志士如章太炎、秋瑾、邹容、陈天华等都是才华横溢的诗人,他们的铮铮作响的诗句与他们的英名一样永远垂示后人。

第一章

半江瑟瑟半江红——山水篇

　　山水诗是我国诗歌题材中最为重要的类型之一，渊源可追溯到先秦两汉，产生于魏晋时期，并在南朝至晚唐随着中国诗歌发展与文学环境变迁而不断演变。山水诗的起源最早可以追溯到《诗经》，诗句"高山仰止，景行行止"就是出自于此。山水诗的鼻祖是东晋的谢灵运，他所开创的山水诗，把自然界的美景引进诗中，使山水诗成为独立的审美对象。他的创作，不仅把诗歌从当时"淡乎寡味"的玄理中解放了出来，而且加强了诗歌的艺术技巧和表现力，并影响了一代诗风。继陶渊明的田园诗之后，山水诗标志着人与自然进一步的沟通与和谐，标志着一种新的自然审美观念和审美趣味的产生。

　　东晋出现大量的山水诗，主要是纷乱的国情使然。东迁的文士几乎都有"风景不殊，正自有山河之异"的慨叹，加上受政治暴力和军事暴力的迫害，失落感愈来愈沉重。从清丽无比的江南山水风物中寻求抚慰和解脱，是行之有效的方法，于是诗人便流连山水，写作山水诗相因成习，以至蔚然成风。另外，在新的哲学思潮，如玄学的冲击下，汉朝以来"罢黜百家，独尊儒术"的思想控制日趋软弱松弛，于是出现"越名教而任自然"（嵇康语）、"法自然而为化"（阮籍语）之类的主张。"自然"指宇宙自然规律，岿然不动的山和变动不居的水，则最充分、最完美地体现了这种规律，也就成了师法的对象，成了精神力量不竭的源泉。

古代诗文大家、艺术巨匠大抵都有"读万卷书,行万里路"的经历。有时候"读万卷书"正好可以弥补"行万里路"的不足,由于受种种条件的限制,人们无法遍览全国各地的山水胜迹,便可持山水诗集为"卧游"之具,作纸上的观瞻。这间接得到的知识和印象,与亲身所历、亲眼所见相比自然差了一点,但通过诗人传神的再现,读者的收获往往更大,也更快捷。这也是山水诗备受关注的一个原因。

好的山水诗总是包含着作者深刻的人生体验。如"欲穷千里目,更上一层楼"(王之涣《登鹳雀楼》)以理入诗,兼有教化和审美的双重功能,它表现出的求实态度和奋进精神,对读者无疑是有力的鞭策和激励。又如"万籁此俱寂,但余钟磬音"(常建《题破山寺后禅院》),除了生动再现环境的幽静氛围,还揭示了矛盾的对立统一关系,有启迪智慧、拓展襟怀的作用。

现在让我们一起来领会诗人笔下无限风光的山水诗吧。

东汉末年,天下大乱,群雄逐鹿,明争暗斗,居住在辽西一带的乌桓强盛起来。他们南下攻城略地,成为河北一带的严重边患。建安十年(205年),曹操率军摧毁了袁绍在河北的统治根基,袁绍呕血而死,其子袁谭、袁尚逃到乌桓,勾结乌桓贵族多次入塞为害。当时,曹操军队处于南北夹逼的不利境地:南有盘踞荆襄的刘表、刘备,北有袁氏兄弟和乌桓。为了摆脱被动局面,曹操采用谋士郭嘉的意见,于建安十二年(207年)夏率师北征,秋七月遇大水,傍海大道不通,后接受田畴建议,断然改道,经徐无山,出卢龙塞,直指柳城,一战告捷。九月,胜利回师,途经碣石。于是曹操写下这首《观沧海》,以抒胸怀:

曹操画像

东临碣石[1],以观沧海。水何澹澹[2],山岛竦峙[3]。树木丛生,百草丰茂。秋风萧瑟[4],洪波涌起。日月之行,若出其中;星汉灿烂,若出其里。幸甚至哉!歌以咏志[5]。

注:[1] 碣石:山名。碣石山,在现在河北昌黎。
　　[2] 澹澹:水波荡漾的样子。
　　[3] 竦峙:高高耸立。
　　[4] 萧瑟:草木被秋风吹的声音。
　　[5] 咏志:即表达心志。

　　从诗的体裁看,这是一首古体诗;从表达方式看,这是一首写景抒情诗。"东临碣石,以观沧海"这两句话点明"观沧海"的位置:诗人登上碣石山顶,居高临海,视野寥廓,大海的壮阔景象尽收眼底。以下十句描写,概由此拓展而来。"观"字起到统领全篇的作用,体现了这首诗意境开阔,气势雄浑的特点。

　　诗的上半部分描写沧海景象,有动有静,如"秋风萧瑟,洪波涌起"与"水何澹澹"写的是动景,"树木丛生,百草丰茂"与"山岛竦峙"写的是静景。

　　"水何澹澹,山岛竦峙"是望海初得的大致印象,有点像绘画的粗线条。在这水波"澹澹"的海上,最先映入眼帘的是那突兀耸立的山岛,它们点缀在平阔的海面上,使大海显得神奇壮观。这两句写出了大海远景的一般轮廓,下面再层层深入描写。

　　"树木丛生,百草丰茂。秋风萧瑟,洪波涌起。"前二句具体写竦峙的山岛:虽然已到秋风萧瑟,草木摇落的季节,但岛上树木繁茂,百草丰美,给人诗意盎然之感。后二句则是对"水何澹澹"一句的进一层描写:定神细看,在秋风萧瑟中的海面竟是洪波巨澜,汹涌起伏。这儿,虽是秋天的典型环境,却无半点萧瑟凄凉的悲秋意绪。作者面对萧瑟秋风,极写大海的辽阔壮美:在秋风萧瑟中,大海汹涌澎湃,浩渺接天;山岛高耸挺拔，草木繁茂，没有丝毫凋衰感伤的情调。这种新的境界、新的格调，正反映了他"老骥伏枥，志在千里"的"烈士"胸襟。

"日月之行，若出其中；星汉灿烂，若出其里。"前面的描写，是从海的平面去观察的，这四句则联系廓落无垠的宇宙，纵意宕开大笔，将大海的气势和威力凸显在读者面前：茫茫大海与天相接，空蒙浑融；在这雄奇壮丽的大海面前，日、月、星、汉（银河）都显得渺小了，它们的运行，似乎都由大海自由吐纳。诗人在这里描写的大海，既是眼前实景，又融进了自己的想象和夸张，展现出一派吞吐宇宙的宏伟气象，大有"五岳起方寸"的势态。这种"笼盖吞吐气象"是诗人"眼中"景和"胸中"情交融而成的艺术境界。言为心声，如果诗人没有宏伟的政治抱负，没有建功立业的雄心壮志，没有对前途充满信心的乐观气度，那是无论如何也写不出这样壮丽的诗篇来的。过去有人说曹操诗歌"时露霸气"（沈德潜语），指的就是《观沧海》这类作品。"幸甚至哉，歌以咏志。"这是合乐时的套语，与诗的内容无关。也指出这是乐府唱过的。

作为汉代末年杰出政治家、军事家、文学家的曹操（155—220），曾被同时代人许劭评为"乱世之奸雄也"，于是他在正史中背负了一个不光彩的名声。也许在乱世政治中他的手腕很犀利且圆滑，但这并不影响他思想的高度和在文学上的成就。

曹操之后出现了一位大才子谢灵运，他在文坛上被誉为"文章之美，江左第一"。他自己也非常自负，曾说："天下有才一石，曹子建独得八斗，我得一斗，自古及今共得一斗。"意思是说，对古往今来的才子，他只佩服曹子建（即曹植）一人，其他人都不如他。这位命运坎坷的山水诗鼻祖酷爱登山，而且喜欢攀登幽静险峻的山峰，可以说是攀岩运动的先行者。他登山时常穿一双木制的钉鞋，上山时取掉前掌的齿钉，下山时取掉后掌的齿钉，于是，上下山都分外省力稳当，这就是著名的"谢公屐"。李白在《梦游天姥吟留别》一诗中有"脚著谢公屐，身登青云梯"的赞叹。元嘉八年（431年），谢灵运出任临川内史，但他不理政事，终日出游，被地方官员弹劾，朝廷要治他的罪。谢灵运不服，反而把有关吏员扣押起来,还赋诗一首:"韩亡子房奋,秦帝鲁连耻。本自江海人,忠义感君子。"他将刘宋王朝比作暴秦政权,并以张良、鲁仲连自比,暗示要像他们那样为被灭亡的故国复仇雪耻。这种行为和言论,加重了他的罪名,他被判流放广州。可是刚到广州,朝廷的公文又到了,称他又犯下了新的叛逆罪,命令将他就地正法。元嘉十年(433年),谢灵运在广州被当街斩首,年仅四十九岁。一代文豪犹如一颗流星,在历史的天空划过一道短暂而耀眼的光芒,倏然而逝。

谢灵运的山水诗大部分是出任永嘉太守以后所作。其山水诗以富丽精工的语言,生动细致地描绘了永嘉、会稽、彭蠡湖等地的自然景色,其主要特点是鲜丽清新。谢灵运的山水诗主要把山水作为审美对象来表现,抒发人生感慨,时涉玄思。他的诗作往往先叙述游览过程或游览缘起,接以景色描写,最后感慨或议论。大处落笔,写法流动,记行程、时间、空间变换,局部景物描写细腻生动,穷形极貌,形成了初期山水诗的基本结构模式。他的代表作就是这首《登江中孤屿》:

谢灵运画像

江南倦历览,江北旷周旋[1]。怀新道转迥[2],寻异景不延。乱流[3]趋正绝,孤屿媚中川。云日相辉映,空水[4]共澄鲜。表灵[5]物莫赏,蕴真[6]谁为传。想象昆山姿,缅邈[7]区中缘[8]。始信安期术[9],得尽养生年。

注:[1]旷周旋:久不游览。

[2]迥:迂回。这句是说因为心里急于要寻找奇景新境,所以反而觉得道路太远了。

［3］乱流：从江中截流横渡。
［4］空水：天空和江水。这二句是说天上的彩云、丽日相互辉映，江水清澈，映在水中的蓝天也同样色彩鲜明。
［5］表灵：指孤屿山极其神奇的景象。
［6］蕴真：蕴藏的真趣。
［7］缅邈：悠远。
［8］区中缘：人世间的相互关系。
［9］安期术：安期生的长生之术。

  这首诗描绘了江中孤屿秀媚幽丽的景色，诗人借此景表明了自己高风亮节的品质和遭受排挤后厌世求仙的思想情绪。前四句写诗人欲游江北探寻新异胜境的急切心情，周旋反转。"乱流趋正绝，孤屿媚中川"一句写了作者发现孤屿之后的惊喜，江山何处是如此幽美奇丽景观？接着"莫赏"二字，表现了诗人怀才不遇和厌世嫉俗的孤愤。诗人为发现奇景而惊叹，又为世人不知欣赏其价值，"蕴真"无人传述而喟叹。最后以议论收束。实现了情、景、理三者的巧妙结合。

  同为山水诗人，阴铿却比谢灵运要幸运得多。据《陈书》记载，在某个天寒之日，他与宾友共聚饮宴，宴会间留意到一直负责斟酒的仆人没有喝过酒，于是命人把酒炙热并赠予那名仆人。在座的宾客都笑阴铿多事，阴铿却说："我们每天都酣畅地饮酒，而这个满天都手拿酒杯的人却不知道酒的味道，实在没有道理。"后来"侯景之乱"爆发，阴铿被贼人所擒，却有人将他救走。阴铿询问那个救自己的人，才知道那人正是以前自己赐酒的仆人。

  阴铿是梁朝左卫将军阴子春之子。阴子春曾任梁、秦二州刺史，因此阴氏可说是当时的官宦世家。阴铿年少聪慧，五岁时就能诵诗赋，每日千言。长大后更饱览史传，专工五言诗，在当时颇有名气。通过释褐试出身后，就职梁湘东王法曹参军。天嘉年间（560—565），阴铿出任始兴王府中录事参军。当时陈文帝曾经宴聚群臣，赋诗作乐。席间徐陵向文帝引见阴铿，文帝即召阴铿赴宴，并命其为新落成的安乐宫作赋。阴铿奉令作赋,顷刻写就,深为文帝所叹赏。后来阴铿累迁招远将军、晋陵太守、员外散骑常侍,不久去世。他的山水诗名作《渡青草湖》:

洞庭春溜满,平湖锦帆张。沅水桃花色,湘流杜若香。穴去茅山近,江连巫峡长。带天澄迥碧,映日动浮光。行舟逗远树,度鸟息危樯。滔滔不可测,一苇讵能航?

全诗描绘了一幅阳春三月时节,渡湖所见的瑰奇壮阔美景图。前二句点明渡湖时节,三至八句写洞庭湖容纳沅、湘诸水,使得湖面宽阔,横无际涯,汪洋恣肆之势;更有汹涌奔腾,一泻千里之感,壮观至极。春风拂煦,两岸桃李盛开,香草馥郁。远望水天相映,一碧万顷,波光粼粼,跃金沉璧,景色十分壮丽,令人叹为观止!九、十两句用工笔细描湖水烟波浩渺,景色奇丽之景象:孤帆远影好像停留于天边木林之上;飞鸟越湖力犹怯,不得不栖息于高桅停歇。结尾二句收束全诗,既抒写了个人主观感受,又暗寓作者对时局混乱的深沉感慨,反映了作者对社会现实的认识。此诗侧重写景,但写景之时也倾注个人感受,使现实描绘与浪漫主义想象融合在一起,形成了一幅景象阔大、色彩鲜明的山水画卷。

在流传下来的山水诗中,不仅有文人骚客创作的优美篇章,也有民间智慧创作的粗犷豪迈的抒情篇章,其佼佼者非《敕勒歌》莫属:

敕勒川,阴山下。天似穹庐,笼盖四野。天苍苍,野茫茫,风吹草低见牛羊。

这是一首敕勒人唱的民歌,它歌唱了大草原的景色和游牧民族的生活。开头两句"敕勒川,阴山下",交代敕勒川位于高耸云霄的阴山脚下,将草原的背景衬托得十分雄伟。接着两句"天似穹庐,笼盖四野",敕勒族人用自己生活中的"穹庐"作比喻,说天空如毡制的圆顶大帐篷,盖住了草原的四面八方,以此来形容极目远望,天野相接,无比壮阔的景象。这种景象只在大草原或大海上才能见到。最后三句"天苍苍,野茫茫,风吹草低见牛羊"勾画出的是一幅壮阔无比、生机勃勃的草原全景图。"风吹草低见牛羊",一阵风儿吹弯了牧草,显露出成群的牛羊,形象生动地写出了这里水草丰盛、牛羊肥壮的景象。全诗寥寥二十余字,却将我国古代牧民生活的壮丽图景展露无遗。这首诗具有北朝民歌所特有的明朗豪爽的风格,境界开阔,音调雄壮,语言明白如话,艺术概括力极强。

据历史资料载,敕勒族原名狄历族,一称铁勒族,系匈奴族的后裔。在南北朝时期,该族居住在今山西省朔州市、宁武县管涔山一带桑干河、汾河源头区,受鲜卑族北魏王朝(后属东魏)统治。管涔山系主峰在今山西省朔州南宁武县西南约30公里处的东寨乡。山属蒙古高原南部阴山一脉。阴山从今内蒙古河套西北发脉后,主干向东至云中一带(今呼和浩特及山西大同附近),分出一支,巍巍南向,直抵今晋西南石楼、隰县一带,构成管涔山系。历史上,管涔山脉"无木而多草",系高原牧区。山上之草主要是管草,管涔山因此而得名。山周围多河流、湖泊、川谷,形成了得天独厚的天然牧场。至今宁武县城西南约100公里处,尚有一处海拔2700多米,广约万余亩的高山草甸芦芽山天然牧场。这里,正是《敕勒歌》中所写的那种广阔、苍茫的草原自然风光。公元546年,统治中国北部的东魏和西魏两个政权之间爆发过一场大战。东魏军队受重创,军心涣散,主帅高欢为安定军心,请出军中老将,要他用歌声来激励军队的士气。这名老将唱出了这首东魏将士们非常喜爱的敕勒歌。歌声让将士们个个饱含热泪,军中霎时群情激奋。

山水诗到了隋朝又有新的发展,隋炀帝杨广的一曲《春江花月夜》,开启了山水诗的旅程。因帝王身份饱受争议的杨广,还是隋朝最具代表性的诗人之一。

隋炀帝杨广是隋朝的第二个皇帝,即位以后,他开通大运河,对民生经济有贡献,但耗损了民间的物资和人力。在人才选拔制度上,隋炀帝发展了科举制度,增置进士科,使国务的操持由世族门阀政治而逐渐改向科举取士。科举制度一直延续到清德宗光绪三十一年(1905年)才被终止,对中国古代的育才政策有很大的贡献。政治上,他为了真正实现大一统的理想,企图打破由关陇仕族垄断仕途的局面,重用了虞世基、裴蕴等南方集团官员,对破除当时的南北隔阂有很大的影响。军事上,他在即位前曾参与突厥、契丹之战事,皆有所获。大业五年(609年),他亲征并平定吐谷浑,设置西海、河源、鄯善、且末四郡,扩疆五千里。但是隋炀帝又是一位急功近利的人。大业八年(612年),首度亲征高句丽失败后,隋炀帝为扳回其颜面,连续三年一再亲征。即位后为实现个人构想,他进行了大规模的工程营造,致使国库亏空,劳民伤财。晚年为消除强烈的失落感和政务上的压力,他逃避现实,三下扬州,整日杯不离手。最后宇文化及所率领的叛军攻入江都宫,杨广被缢弑,隋朝灭亡。

杨广的诗风广阔,既有千军万马出征时的雄伟,又能描写夕阳下长江时的宁静;在他帝王生涯的最后,仿佛意识到自己帝王运尽,诗风转变为寂寥多感,以抒情为主。他在《春江花月夜》写道:

暮江平不动,春花满正开。流波将月去,潮水带星来。

"平不动"是水波不兴。江面平坦宁静,江边春花如火,开得满满当当。杨广写春夜潮生,江水滔滔。"将月去"、"带星来"将水波激荡、月星交辉的情景写得极宏大,于写景的壮阔中写出了时间的流逝。寥寥四句诗,将春江花月夜的景致收纳其间,绘出一幅"江月胜景图"。"流波将月去,潮水带星来",缓缓读来,如欣赏清秋月夜之画,风致宛然。此句好在平实,一个"将"字,一个"带"字,都是比较虚的动词,不会破了月明星稀的安稳美感,实乃不可多得之精品。

唐之以降,诗之辉煌。卢照邻为"初唐四杰"之一,他自小就非常聪明,后踏入仕途,深得上司赏识,被提升为都尉。但他患了"风疾(可能是小儿麻痹症或麻风病)",因此不得不退职,虽然他还试图做门客,但后来他的病越来越严重,双腿萎缩,一只手也残废了。他买了几十亩地来养老,但终因疾病的痛苦,决定与亲属道别,投颍水自杀。卢照邻擅长诗歌骈文,以歌行体为佳,意境清迥,明代胡震亨说"颔韵疏拔,时有一往任笔,不拘整对之意"(《唐音癸签》)。卢照邻的《长安古意》有句"得成比目何辞死,愿作鸳鸯不羡仙",乃千古名句。不知是不是由于自身的疾病之故,他的诗总是比较感伤,就连山水诗都是这样,如《曲池荷》:

浮香绕曲岸,圆影覆华池。常恐秋风早,飘零君不知。

此诗借咏荷以抒怀,是典型的寄情于景。既写出了荷花高洁之品质,"飘零君不知",又委婉表达了怀才不遇的感慨。唐汝询曾中肯地评价道,"以荷之芳洁比己之才美,又恐早落而不为人知";清人沈德潜在《唐诗别裁》中说的"言外有抱才不遇,早年零落之感",正可以用来评论该诗。

与之相比,盛唐时期的诗人往往表现出一种积极向上的精神风貌,王之涣就是这样一位诗人。由于史料匮乏,后世对王之涣的身世所知甚少,但他作为一个名诗人,却几乎尽人皆知。他那首脍炙人口的《凉州词》"黄河远上白云间,一片孤城万仞山。羌笛何须怨杨柳,春风不度玉门关"被广为传诵,被章太炎先生称为"绝句之最"。王之涣的诗流传下来的很少,目前知道的只有六首,而此六首确为我国古典文学宝库中的精华。

王之涣不仅为后世万分景仰,他在世时,便已声震海内。他

王之涣铜像

常与王昌龄、高适、崔国辅、畅当等名诗人交游,所作之诗"传乎乐章,布在人口"。唐代河东(今山西省永济)人薛用弱《集异记》所载"旗亭画壁"故事,便可说明当时人们对王之涣的崇拜。当时,王之涣、王昌龄、高适之人齐名。开元中,一日天微寒,三人共来旗亭小饮,正好有十多个梨园伶官和四位著名歌妓也来此会宴,他们三人便在旁边边烤火边观看。王昌龄提议说,我们各擅诗名,究竟谁胜于谁,今天我们可看她们所唱谁的诗多,谁便为优者。第一个歌妓唱的是王昌龄的"一片冰心在玉壶",王昌龄在壁上为自己画了一道。第二个唱的是高适的"开箧泪沾臆",高适也为自己画了一道。随后王昌龄又添得一道。王之涣说,这几位为普通歌妓,唱的都是下里巴人,应看那位最佳的歌妓唱的是谁的诗。若唱的不是我诗,便终身不敢与你们二位争衡了。待那名妓唱时,果然为王之涣之诗,三人不觉开心笑起来。诸伶因他们大笑而见问,知是王之涣等,非常高兴,即拜请他们入席。旗亭画壁,遂成典故,元人还编成杂剧上演。由此可见当时王之涣诗名之盛。他的《登鹳雀楼》是一首记游诗,也是一首千古传唱的山水名篇:

  白日依山尽,黄河入海流。欲穷千里目,更上一层楼。

  鹳雀楼是唐代有名的登临胜地,在蒲州(今山西永济县)西南城上。楼有三层,面对中条山,下临黄河,因常有鹳雀(形似鹤)栖息其上而得名。此诗意境宽阔,气势磅礴,表现出作者开阔的胸襟和积极进取的精神。前两句描写登楼所见的壮观景象:太阳向西倾斜,黄河则奔流入海,仅用几字便勾勒出一幅雄浑阔远而刚劲有力的山水图画。后两句再写登楼实感,也是一种对人生的领悟:要想看到更美的景致,那就必须要更上一层楼,哲理味十足。全诗四句皆对,而一气呵成,足见诗人功夫之高。

  王之涣的朋友孟浩然于开元十三年(725年)秋自洛阳出发,沿汴河南下,经广陵渡江至杭州时遇钱塘大潮,潮退后渡江去越州(今绍兴),

作了首非常有名的《渡浙江问舟人》：

潮落江平未有风，扁舟共济与君同。时时引领望天末，何处青山是越中？

首句写潮退起航，次句向同舟人问候寒暄。钱塘潮退，登舟续行，见江面宽阔，风平浪静，甚感愉悦惬意；同舟人虽然素昧平生，但"同船过渡三分缘"，令人倍感亲切。与君同游，心中之快意跃然纸上。后两句写对越中急切、向往的心情。越中山川多名胜，又是前代诗人谢灵运歌咏过的地方，作者对此地心仪已久。当彼岸已隐约显现一带幽美的青山时，作者便急不可耐地引领遥望，频频发问舟人，哪处的青山是咱们要到达的越中？诗中热情赞美了越中山川的优美，语言平易，意境高远。

唐玄宗开元二十八年（740年），王昌龄南游襄阳，访孟浩然，相见甚欢。孟浩然当时患有痈疽（一种皮肤和皮组织下化脓性炎症）。此时孟浩然病将痊愈，医生嘱咐他千万不可吃鲜鱼，要忌口，否则以前的辛苦治疗不光白费了，而且还可能会有生命危险。孟浩然与王昌龄是好友。既然是老友相聚，孟浩然自然会特别设宴款待。一时间，觥筹交错，两人相谈甚欢。宴席上有一道菜历来是襄阳人宴客时必备的美味佳肴——汉江中的查头鳊。忘乎所以的孟浩然见到鲜鱼，不禁食指大动，举箸就尝。

结果，王昌龄还没离开襄阳，孟浩然就永远地闭上了眼睛，时年52岁。若非王昌龄山水迢迢前来拜访，那应该会有更多诸如"移舟泊烟渚，日暮客愁新。野旷天低树，江清月近人"（《宿建德江》）这般山水清悒的诗留下来，孟浩然兴许也不会这么死得这么早，后世或许能欣赏到更多更美的诗歌。

唐朝开元初年，有一位北方诗人，往来于吴楚间，被江南清丽山水所倾倒，并受到当时吴中诗人清秀诗风的影响，写下了一些歌咏江南山水的作品，他就是王湾，《次北固山下》就是王湾写下的众多诗歌中最为著名的一首：

客路青山下,行舟绿水前。潮平两岸阔,风正一帆悬。海日生残夜[1],江春入旧年。乡书何处达?归雁洛阳边。

注:[1]残夜:天快亮时。

山清水绿,天气回暖,作者和朋友的旅程还在继续。恰逢冬雪消融,春风送暖之时,他们路过北固山下,载着旅客的船儿行进在江水之上,小舟泛着湛蓝的江水平稳向前。山上积雪正在慢慢融化,因为汇集了千山万壑的雪融之水,春潮正涨,扬子江的水量逐渐增大,江面因此而更加宽广,顺风的行船恰好能把帆儿高悬。

诗人举目东望,只见江天一色,一轮红日从东方江海相接的地平线上慢慢升起,气势磅礴。回眸西顾,却见西边天幕上的夜色尚未完全褪去。这是多么奇妙的景致!一夜之间已是中分二年,东升的红日预示着新的一年正在开始,春天已按捺不住自己的脚步,悄悄渡江北上走进了旧年。真可谓是"流年似水,岁月暗换"!

诗人看到眼前的"平潮、悬帆、海日、江春",不由感慨万千。心中突然涌出一个美好的想法:"写上一封书信让那北归的鸿雁捎给洛阳的家人,让他们也知道我此时此地的心情吧!只是不知这美丽的归雁几时才可飞到洛阳家人的身边呢?"

这首诗以准确精练的语言描写了冬末春初时作者在北固山下停泊时所见到青山绿水、潮平岸阔等壮丽之景,抒发了作者深深的思乡之情。全诗用笔自然,写景鲜明,情感真切,情景交融,风格壮美,极富韵致,历来广为传诵。

归雁思绪惆怅无处诉,而失落之人又如何化悲情为力量呢?唐肃宗乾元二年(759年),李白流放夜郎,行至白帝遇赦,乘舟东还江陵时乃作《早发白帝城》,把遇赦后愉快的心情和江山的壮丽多姿、顺水行舟的流畅轻快融为一体来表达的。全诗不无夸张和奇想,写得流丽飘逸、惊世骇俗、美轮美奂,但又不假雕琢,随心所欲,自然天成。

朝辞白帝[1]彩云间,千里江陵[2]一日还。两岸猿声啼不住,轻舟已过万重山。

注:[1]白帝:今重庆市奉节县。
　　[2]江陵:今湖北省江宁县。

诗描摹自白帝至江陵一段长江,水急流速,舟行若飞的情景。首句写白帝城之高;二句写江陵路遥,舟行迅速;三句以山影猿声烘托行舟飞进;四句写行舟轻如无物,点明水势如泻。全诗锋棱挺拔,一泻直下,快船快意,令人神远。难怪明人杨慎赞此诗曰:"惊风雨而泣鬼神矣!"

与李白天马行空的动感浪漫相比,王维的山水诗就显得平淡睿智得多。王维,字摩诘。众所周知,他的名字与佛教有很大关系。他的父母亲都信佛教,就给他取了这个名字。王维自己一生也与佛教有着千丝万缕的联系,他笃信佛教,还吃素,诗歌(尤其是后期作品)里也透露出不少禅意,后人把他称为"诗佛"。

王维多才多艺,不同艺术相互渗透对其诗歌创作产生了深刻的影响。他以画入诗,其山水诗富有诗情画意。王维的山水诗以心照水,用水衬心,物我融成一片,反映了一种内在的对美的追求。但有些山水田园诗着力渲染空寂意境与落寞情怀,如《竹里馆》、《辛夷坞》情走淡薄,旨归静趣,别有一番情趣。

王维的诗语言含蓄,清新明快,句式、节奏富于变化,音韵响亮、和谐,具有音乐美。总之,王维的山水诗无论从诗的题材内容,还是诗歌的艺术形式上都对后世诗歌产生了

王维画像

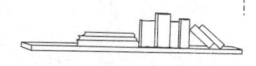

深远的影响。《山居秋暝》是他的代表之作：

空山新雨后,天气晚来秋。明月松间照,清泉石上流。竹喧归浣女,莲动下渔舟。随意春芳歇,王孙自可留。

这首著名的山水诗于诗情画意之中寄托着诗人高洁的情怀和对人生智慧的追求。诗的前三联描绘了山中诗意的生活状态：一阵秋雨过后,略有凉意的山中,明月与溪流安然自得的样子。女子们嬉戏游乐的情状流露出诗人诚挚的感情：爱自然。尾联化用了屈原的典故,以表明自己的生活观点与政治意向,他认为理想的人生应当是如此悠然自得地栖居,可见山水自然之于诗人正如水之于鱼一样重要。

与王维志趣相投,也以写禅诗出名的还有常建。和常建同时期的还有一个叫赵嘏的人,曾因为一句"长笛一声人倚楼"得到一个"赵倚楼"的称号。常建的诗本来已经写得很好,但是他却总认为自己没有赵嘏写得好。有一次,常建听说赵嘏要到苏州游玩,他十分高兴。心想："这是一个向他学习的好机会,千万不能错过。用什么办法才能让他留下诗句呢?"他想：赵嘏既然到苏州,肯定会去灵岩寺的,如果我先在寺庙里留下半首诗,他看到以后会补全的。于是他就在墙上题下了半首诗。赵嘏后来真的来到了灵岩寺,在他看见墙上的那半首诗后,便提笔在后面补上了两句。常建用自己不是很好的诗,换来了赵嘏精彩的诗。后来人们常说,常建的这个办法,真可谓"抛砖引玉"了。这种自谦当然也是要一定的魄力的,也许这种魄力就是佛家所说的"平常心"吧。我们来看常建的诗《题破山寺后禅院》：

清晨入古寺,初日照高林。曲径通幽处,禅房花木深。山光悦鸟性,潭影空人心。万籁此俱寂,但余钟磬[1]音。

注：[1]磬：古代用玉或金属制成的曲尺形的打击乐器。

这首诗题咏的是佛寺禅院,抒发的是作者忘却世俗、寄情山水的隐逸情怀。诗人在清晨登破山,入兴福寺。旭日初升,光照山上树林。佛家称僧徒聚集的处所为"丛林",所以"高林"兼有称颂禅院之意,在光照山林的景象中显露着礼赞佛宇之情。然后,诗人穿过寺中竹丛小路,走到幽深的后院,发现唱经礼佛的禅房就在后院花丛树林深处。这样幽静美妙的环境,使诗人惊叹、陶醉,忘情其中。他举目望见寺后的青山焕发着日照的光彩,看见鸟儿自由自在地飞鸣欢唱;走到清清的水潭旁,只见天地和自己的身影在水中湛然空明,心中的尘世杂念顿时涤除。佛门即空门,佛家说,出家人禅定之后,"虽复饮食,而以禅悦为味"(《维摩经·方便品》),精神上极为纯净怡悦。此景此情,诗人仿佛领悟了空门禅悦的奥妙,摆脱尘世一切烦恼,鸟儿那样自由自在、无忧无虑。大自然和人世间的所有其他声响好像都寂灭了,只有钟磬之音,这悠扬而洪亮的佛音引导人们进入纯净怡悦的境界。显然,诗人欣赏这禅院幽美绝世的居处,领略这空门忘情尘俗的意境,寄托了自己遁世的情怀。

又如另一位佛门僧人,禅诗大家贯休,他能吟诗,写一手好字,擅长绘画。而他的山水诗写得毫无雕琢的痕迹,浑然天成,如《山居诗(其一)》:

露满红兰玉满畦,间拖象屐到峰西。但令心似莲花洁,何必身将槁木齐。古堑细烟红树老,半岩残雪白猿啼。虽然不是桃源洞,春至桃花亦满溪。

贯休共写了二十四首山居诗,这是其中一首。这首诗写诗人山居悟禅的生活环境和心悟禅境的精神境界。山居在茅草房中,兰草红花,细烟红树,猿啼声声,虽无桃花源美景之实,却胜似桃花源。在这样的环境中,诗僧心灵得到净化,身与青山同体,心与佛禅相通。这种生活,就是禅!因为诗人深解禅的宗旨在于一心,在于心悟。诗人认为只要心似莲花,一尘不染,自然入于禅的悟境。而那种心如死灰,身如朽木,毫无精神追求之辈何以谈禅,何入禅境？总之,贯休的山居诗,诗情禅趣皆佳,是他全部诗歌中的佳品。

而心忧天下的"诗圣"杜甫的山水诗则更多地体现出一种儒家的"圣王"、"进取"精神,将个人抱负融于诗中,少了几分禅诗的空灵味。如《望岳》：

岱宗[1]夫如何,齐鲁青未了。造化钟[2]神秀,阴阳割昏晓。荡胸生层云,决[3]眦入归鸟。会当凌[4]绝顶,一览众山小。

注：[1]岱宗：泰山别名岱,居五岳之首,故又名岱宗。
　　[2]钟：赋予、集中。
　　[3]决：裂开。
　　[4]凌：跃上。

杜甫"望岳"诗共三首,这一首是写望东岳泰山的。诗以"望"入题,赞叹东岳,讴歌造化。希望凌顶而小天下,以抒雄心壮志。开首两句,写泰山的高峻伟大,先写对它的仰慕,再写它横跨齐鲁两地的壮伟；三、四句写近望,所见泰山的神奇秀丽和能分割日夜的巍峨形象；五、六句写遥望,见山中云气层出不穷,心胸为之荡涤；最后两句写望岳而生登临峰顶之意愿。表达了诗人不怕困难,敢于攀登之雄心,显示出他坚韧不拔的性格和远大的政治抱负。"会当凌绝顶,一览众山小"千百年来为人们所传诵。

饱学儒士韦应物的诗歌多写山水田园,清丽闲淡,和平之中时露幽愤之情。韦应物反映民间疾苦的诗,颇富于同情心,是中唐艺术成就较高的诗人,代表作有《观田家》。此外,他还有一些慷慨悲愤之作。部分诗篇思想消极,孤寂低沉。韦诗各体俱长,七言诗音调流美,五律一气流转,情文相生,耐人寻味。五、七绝清韵秀朗,以五绝成就最高,风格淡雅闲远,语言简洁朴素,但亦有秾丽秀逸的一面。其五古以学陶渊明为主,但在山水写景等方面,受谢灵运、谢朓的影响。此外,他亦偶作小词。

韦应物实现了脱离官场,幽居山林,享受清流、茂树、云物的愿望,这使他感到心安理得。其山水诗名篇有《滁州西涧》:

独怜幽草[1]涧边生,上有黄鹂深树鸣。春潮带雨晚来急,野渡无人舟自横。

注:[1]幽草:幽谷里的小草。

《滁州西涧》是写景诗的名篇,描写作者春游滁州西涧赏景和晚潮带雨的野渡所见。首两句写春景、爱幽草而轻黄鹂,以喻乐守节,而嫉高媚;后两句写带雨春潮之急,和水急舟横的景象,蕴含一种不在其位,不得其用的无可奈何之忧伤。全诗表露了恬淡的胸襟和忧伤之情怀。整首诗写景如画,为后世称许。

如果说《滁州西涧》表现了一种惋惜自己的才能不被赏识的无可奈何的话,同时代诗人韩翃的《宿石邑山中》则表现了一种旅途孤苦的凄清:

浮云不共此山齐,山霭[1]苍苍望转迷。晓月暂飞高树里,秋河[2]隔在数峰西。

注:[1]山霭:山中的云气。
　　[2]秋河:指天上的银河。

这首七绝以极简练的笔触,描绘了石邑山变幻多姿的迷人景色。诗人采用剪影式的写法,截取暮宿和晓行时自己感受最深的几个片段,来表现石邑山中之景,而隐含的"宿"字起到联系互不相连的景物的纽带作用:因为至山中投宿,才目睹巍峨的山,迷漫的云;由于晓行,才有登程所见的晓月秋河。"宿"字使前后安排有辙可循,脉断峰连,浑然一体。这种写法,避免了平铺直叙的呆板,显得既有波澜又生神韵。表面看,这首诗似乎单纯写景,实际上景中寓情。一、二句写初入山之景,流露了作者对石邑山雄伟高峻的惊愕与赞叹;三、四句晓行幽静清冷的画面,表达了诗人羁旅辛苦,孤独凄清的况味。

唐代诗人韩翃,曾写过一首《寒食》:"春城无处不飞花,寒食东风御柳斜。日暮汉宫传蜡烛,轻烟散入五侯家。"这首诗后来收入《唐诗三百首》中,可谓非常有名,连皇帝都欣赏,提拔他做了官。更绝的是,韩翃当初贫寒时,有个叫李王孙的朋友很照顾他,韩翃在他家馆歇,他看中了李王孙的一个叫柳姬的家妓。这柳姬算是中国古代有名的美人,颇具诗才,她也爱韩翃的才华。这李王孙便将柳姬送给了韩翃,不仅如此,还给了他三十万银的资助。

后来韩翃因探亲又适逢"安史之乱",与柳姬两地分居。番将沙吒利恃平反有功强占柳氏,韩翃还长安后,郁郁寡欢。

韩翃写道:"章台柳,章台柳!昔日青青今在否?纵使长条似旧垂,也应攀折他人手。"

柳姬唱答:"杨柳枝,芳菲节。所恨年年赠离别。一叶随风忽报秋,纵使君来岂堪折!"

一名勇将感怀于韩柳诚挚的爱情,纵马入沙吒利府第把柳姬抢回来了。这样做当然会引起争端,经皇帝斡旋,韩柳夫妻才得团圆,白头偕老。

有人欢喜有人愁,韩翃与柳姬可谓好事多磨,终成眷属,而刘禹锡的抒情山水诗《浪淘沙》则表现出了一种对牛郎织女式的生活的向往:

九曲黄河万里沙,浪淘风簸[1]自天涯。如今直上银河[2]去,同到牵牛[3]织女家。

注:[1] 浪淘风簸:黄河卷着泥沙,风浪滚动的样子。

[2]银河:古人以为黄河和银河相通。

[3]牵牛:即传说中的牛郎。

　　《浪淘沙》这首绝句模仿淘金者的口吻,表明他们对淘金生涯的厌恶和对美好生活的向往。同是在河边生活,牛郎织女生活的天河恬静而优美,黄河边的淘金者却整天在风浪泥沙中讨生活。诗作寄托了他们心底对宁静的田园牧歌生活的憧憬。全诗气概豪迈,朴实无华。

　　诗人刘禹锡被贬后没有自甘沉沦,而是以积极乐观的精神进行创作,积极向民歌学习,创作了《秋词》等仿民歌体诗歌。

　　刘禹锡晚年回到洛阳,任太子宾客加检校礼部尚书,与朋友交游赋诗,生活闲适。死后被追赠为户部尚书。其诗现存800余首。其学习民歌,反映民众生活和风土人情的诗,题材广阔,风格上汲取巴蜀民歌含蓄宛转、朴素优美的特色,清新自然,健康活泼,充满生活情趣。其讽刺诗往往以寓言托物手法,抨击镇压"永贞革新"的权贵,涉及较广的社会现象。晚年所作,风格渐趋含蓄,讽刺而不露痕迹。词作亦存四十余首,具有民歌特色,刘禹锡在洛阳时,与白居易共创《忆江南》词牌。

刘禹锡画像

　　白居易曾在故居香山(今河南洛阳龙门山之东)与胡杲、吉旼、刘贞、郑据、卢贞、张浑及李元爽、禅僧如满八位耆老集结"九老会"。这志趣相投的九位老人,退身隐居,远离世俗,忘情山水,耽于清淡。史称"香山九老"。当时白居易为了纪念这样的集会,曾请画师将九老及当时的活动描绘下来,这就是《香山九老图》的由来。后人思慕这段风雅韵事,因而产生了许多描绘老贤者们燕集的作品。

　　"空门寂静老夫闲,伴鸟随云往复还。家酿满瓶书满架,半移生计入香山。"白居易这首《香山寺二绝》,正是自己及友人悠闲隐逸生活的真实写照。九老隐居的香山,与举世闻名的龙门石窟依水相望。集结"香山九老会"那年,白居易已是74岁高龄。史载,诗人晚年冷淡仕途,"停宫致仕"后更加忘情于山水之间,赏玩泉石风月。因为贪恋香山寺的清幽,诗人常住寺内,坐禅听经,自号"香山居士",并把这里作为自己最终的归宿。

在儒家思想的长期影响下,中国古代文人历来崇尚所谓"穷则独善其身,达则兼济天下"的人生态度。但封建统治的桎梏,也促使一些心灰意冷而又不愿随波逐流的文人士大夫,终于放弃了"兼济天下"的理想退身出世,转而投入大自然的怀抱。于是,隐山遁水便成为中国历史上一种具有恒久魅力的文化行为,也给自然山水打上了浓厚的人文印记。从这个意义上说,"香山九老"的形成记录了一种悠然自得的生活方式,更是古代文人雅士隐逸思想的具体体现。如《暮江吟》:

一道残阳铺水中,半江瑟瑟[1]半江红。可怜九月初三夜,露似真珠月似弓。

注:[1] 瑟瑟:原义为碧色珍宝,此指碧绿色。

这首诗大约是长庆二年(822年)白居易在赴杭州任刺史的途中写的。全诗构思妙绝之处,在于摄取了两幅幽美的自然界的画面:一道西下的夕阳,铺映在江水之中;阳光照射下,江面上波光粼粼,一半呈现出深深的碧色,一半呈现出红色。这两句写太阳落山前的江上景色,就像一幅油画。更让人怜爱的,是九月初三凉露下降的月夜;滴滴清露就像粒粒珍珠,一弯新月仿佛一张精巧的弓。这两句写九月初三新月初升的夜景。诗人流连忘返,直到新月初上,凉露下降。此时风光,犹如一幅精描细绘的工笔画。

又如《钱塘湖春行》:

孤山寺[1]北贾亭[2]西,水面初平[3]云脚[4]低。几处早莺[5]争暖树[6],谁家新燕啄春泥。乱花渐欲迷人眼,浅草才能没马蹄。最爱湖东[7]行不足[8],绿杨阴里白沙堤[9]。

注:[1]孤山寺:南朝陈文帝在位初年建,名承福,宋时改名广化。孤山:在西湖的里、外湖之间,因与其他山不相接连,所以称孤山。上有孤山亭,可俯瞰西湖全景。

[2]贾亭:又叫贾公亭。西湖名胜之一,唐朝贾全所筑。唐贞元(785—804)中,贾全出任杭州刺史,于钱塘潮建亭。

[3]水面初平:春天湖水初涨,水面刚刚平了湖岸。

[4]云脚:接近地面的云气,多见于将雨或雨初停时。

[5]早莺:初春时早来的黄鹂。

[6]争暖树:争着飞到向阳的树枝上去。

[7]湖东:以孤山为参照物。

[8]行不足:百游不厌。

[9]白沙堤:即今白堤,又称沙堤、断桥堤,在西湖东畔,唐朝以前已有。白居易在任杭州刺史时所筑白堤在钱塘门外,是另外一条。诗人由北而西而南而东,环湖一周,诗则以湖东绿杨白堤结束,以"最爱"直抒深情。

这首诗首联从大处落笔,写孤山寺所见之景。第一句是初春作者游行的地点,第二句是远景。"初平",春水初涨,远望与岸齐平。"云脚低",写白云低垂,与湖水相连,勾勒出了早春的轮廓。脚下平静的水面与天上低垂的云幕构成了一副宁静的水墨西湖图。

全诗结构严密,格律严谨,对仗工整,语言流畅,生动自然,语气平易,体现了通俗流畅的特点。诗人从总体上着眼描绘了湖上蓬蓬勃勃的春意,并善于在行进途中展开景物描写,选取了典型与分类排列相结合:中间写莺、燕、花、草四种最见春色的景物,动物与植物选择组合,独具匠心。还善于把握景物特征,运用最具表现力的词语加以描绘和渲染。

有人爱西湖四月天,也有人独醉寒江雪,柳宗元就是其中的代表,他的《江雪》描写了一幅江乡雪景图。山山是雪，路路皆白。飞鸟绝迹，人踪湮没。退景苍茫，迩景孤冷。意境幽僻，情调凄寂。渔翁形象，精雕细琢，清晰明朗，完整突出。诗采用入声韵，韵促味永，刚劲有力。历代诗人无不交口称绝。千古丹青妙手，也争相以此为题，绘出不少动人的江乡雪景图：

千山鸟飞绝，万径人踪灭。孤舟蓑笠翁，独钓寒江雪。

柳宗元是位卓越的散文家，他和韩愈同是古文运动的主要倡导者。他的山水游记、寓言小品以及其他古体文章都很有名。柳宗元在诗歌方面造诣也相当高。他的古诗大都描写自然山水，运思精密，着力于字句的选择和锤炼，创造出峻洁、澄澈的境界。他的近体诗也写得情致缠绵，色彩绚丽，音调和谐，与他的古体诗风格有异。

作为思想家的柳宗元，在以回答屈原《天问》的形式而写的《天对》中，否认天地是神所创造，明确提出"元气"是自然的本源，具有朴素的自然主义思想。他反对把远古所谓"尧舜之世"当作最高的理想社会，认为历史是进化的。他主张中央集权，反对藩镇割据。这些思想在当时是比较进步的。

而杜牧的《江南春绝句》一诗则是唐代山水诗最后一抹光辉的代表作品：

千里莺啼绿映红，水村山郭酒旗风。南朝四百八十寺，多少楼台烟雨中。

杜牧在这首七绝中不仅描绘了明媚的江南春光，而且还再现了江南烟雨蒙蒙的楼台景色，使江南风光更加神奇迷离，别有一番情趣。诗一开头，就像迅速移动的电影镜头，掠过南国大地：辽阔的千里江南，黄莺在欢乐地歌唱，丛丛绿树映着簇簇红花；傍水的村庄、依山的城郭、迎风招展的酒旗,一一在望。迷人的江南,经过诗人生花妙笔的点染,显得更加令人心旌摇荡了。"千里"说明是写整个江南,但整体又是通过一个个具体的意象表现出来的。"南朝四百八十寺,多少楼台烟雨中",这里又过渡到江南风光的重要组成部分——寺庙,揉进了沧桑之感。南朝遗留下来的许许多多佛教建筑物在春风春雨中若隐若现,更增添扑朔迷离之美。

如果说唐代是古典诗歌无法超越的时代,那么,宋代诗歌则在其影响下另寻他路,我们来看改革家、著名政治改良家王安石的作品《泊船瓜洲》:

京口[1]瓜洲[2]一水间,钟山[3]只隔数重[4]山。春风又绿江南岸,明月何时照我还?

注:[1] 京口:在今江苏省镇江市,长江的南岸。
[2] 瓜洲:在长江北岸,扬州南郊,即今扬州市南部长江边,京杭运河分支入江处。
[3] 钟山:今南京市的紫金山。
[4] 数重:几层。

王安石画像

这首七绝即景生情,通过对春天景物的描绘,表现了诗人此番出来做官的无奈和欲急切回归江宁的愿望。头两句记叙北上的行程。诗人前往京城,却偏偏回首江宁,表现了不愿赴任的复杂心理。后两句以景写心,既有变法给自己带来的欣慰,也有及早功成身退的想法。诗人回首江南,大地一片翠绿,这固然是春风吹绿的,但是那葱绿的禾苗难道不是"青苗法"等变法措施产生的实效吗?官场是险象环生的,诗人望着这照着瓜洲渡口,也照着钟山的明月,发出了"明月何时照我还"的慨叹。这首诗不仅借景抒情,情寓于景,而且叙事也富有情致,境界开阔,格调清新。最令人津津乐道的还是修辞上的锤炼。据洪迈《容斋随笔》记载:"春风又绿江南岸"一句原稿"初云'又到江南岸',圈去'到'字,注曰:'不好。'改为'过',复圈去而改为'入',旋改为'满',凡如是十许字,始定为'绿'"。真达到了"语不惊人死不休"的境地。其实诗人不仅仅在炼字,也是在炼意,这才符合诗的情境。

然则,反对变革的大文豪苏轼,精通儒释道三家,诗势雄浑而格调高超,山水诗风更是空灵洒脱,意犹未尽。如诗《饮湖上初晴后雨》:

水光潋滟[1]晴方好,山色空濛[2]雨亦奇。欲把西湖比西子[3],淡妆浓抹总相宜。

注:[1]潋滟:水面波光闪动的样子,就好像水要溢出。

[2]空濛:细雨迷茫的样子。

[3]西子:西施,春秋时代越国有名的美女,原名施夷光,居古代四大美女(西施、王昭君、貂蝉、杨玉环)之首。家住浣纱溪村(在今浙江诸暨市)西,所以称为西施。

一天,苏轼和朋友在西湖边上饮美酒。开始天气晴朗,一会儿竟然天阴起来,下起雨来。这样,饮酒未尽,诗人便饱览了西湖上晴和雨两种截然不同的风光。于是诗人赞叹说:晴天的西湖,水上波光荡漾,闪烁耀眼,正好展示着那美丽的风貌;雨天的西湖,山中云雾朦胧,缥缥缈缈,又显出别一番奇妙景致。西湖无论是晴是雨无时不美。最好把西湖比作西子,空蒙山色是她淡雅的妆饰,潋滟水光是她浓艳的粉脂,不管她怎样打扮,总能很好地烘托出天生丽质和迷人的神韵。

这首诗概括性很强,它不是描写西湖的一处之景、一时之景,而是对西湖美景的全面评价。这首诗的流传,使西湖的景色增添了光彩。

璀璨绚烂的中国古典诗歌中,山水诗名篇数量庞大,本书由于篇幅限制,只能忍痛割爱,选取一些最经典的诗歌来欣赏。山水诗中除了上面的经典篇什以外,还有如谢灵运的《登永嘉绿嶂山》、谢朓的《晚登三山还望京邑》、江淹的《游黄檗山》、李白的《独坐敬亭山》、王维的《汉江临泛》、孟浩然的《秋登兰山寄张五》、杨万里的《小池》等都是古人留下来的佳作,值得我们好好品鉴。

　　通过对以上诗歌的欣赏,我们不难发现山水诗的一些共同的特点。简单说山水诗是以山水等自然景观为主要描写对象的诗歌,既要描写出自然景观,又要表现与自然山水相关的人文景观。古代优秀的山水诗,都是佳山胜水的自然美在艺术上的再现,因而具有强烈的艺术感染力,给人以美的享受。这类诗歌的主要特点就是"一切景语皆情语",亦即作者笔下的山水自然景物都融入了作者的主观情愫,或者借景抒情,或者情景交融。山水诗人笔下景物不仅具化工肖物之妙,又能以清新的语言传田园之趣味、山水之精神。在山川风物中融入诗人的感情,即景会心,浑然天成。诗人把细腻的笔触投向静谧的山林,自然景物一经诗人摄入笔端,就必然会带上诗人的感情色彩,为表达诗人的特定感情服务,从而使诗歌产生意境。体味山水诗歌的意境,应该把握诗中描写了什么样的景物,什么样的生活画面,画面组合所表现的情境氛围,或恬淡宁谧,或清新淡雅,或明丽绚烂,或雄浑壮丽,从而理解诗歌的感情,或是热爱自然钟情于山水,或是淡泊宁静、不与世俗同流合污的高洁的情怀,或是对污浊官场的厌恶,对隐逸生活的向往,或是复返自然后的一种宁静闲适的生活情趣等。

第二章

柳暗花明又一村——田园篇

谢灵运为山水诗之祖,陶渊明为田园诗之祖。田园诗和山水诗往往并称,都属于借景抒情或寓情于景的作品,但这是两类不同的题材。田园诗会写到农村的风景,其主体是写农村的生活、农夫和农耕。山水诗则主要是写自然风景,写诗人主体对山水客体的审美,往往和行旅联系在一起。

田园诗是中国古代诗歌的一个流派,最重要代表人物为东晋诗人陶渊明。田园诗是诗人以山水田园为审美对象,把细腻的笔触投向静谧的山林、优美的田野,创造出一种田园牧歌式的生活,多是借以表达对现实的不满、对宁静平和生活的向往。这类诗歌,就内容而言,有对农村自然景物与田园生活图景的描绘;有对农忙欢歌及多彩乡村生活的描写;有对农民劳动艰辛、生活惨痛的反映和对官府剥削、赋税苛重的深刻揭露;也有对壮阔山川景色的描绘、田园隐逸者幽居情景的描写,以及对旅途情景的叙述等。

在艺术表现上,田园诗或采用多种色彩生动地表现大自然的景象,或通过描绘幽静的景色,借以反映诗人宁静的心境、隐逸的思想。这些田园诗大多写景新巧,画面明丽、语言活泼自然、风格清新婉丽,具有不同的风格与情调。有的气魄宏大,意境开阔;有的刻画细腻,引人深思;有的生动逼真;有的含蓄凝练。优秀的田园诗,都是佳山胜水的自然美在艺术上的再现,因而具有强烈的艺术感染力,可以给人以美的享受。

这类诗歌的主要特点就是"一切景语皆情语",即作者笔下的自然景物都融入了作者的主观情愫,或借景抒情,或情景交融。诗人笔下的景物不仅具化工肖物之妙,又能传田园之趣味、田园之精神,在田园风物中融入诗人的感情,即景会心,浑然天成。

田园诗的代表性人物除晋代陶渊明外,唐代也出现了许多著名的田园诗作者,他们写了很多脍炙人口的田园诗。如孟浩然的《田家元日》、《过故人庄》,王维的《终南别业》、《田园乐》,王建的《雨过山村》、《田家行》,聂夷中的《伤田家》等都是唐代田园诗的杰出作品,这在一定程度上反映出了整个社会对农村生活的一种理解和诗人的志向所在。到了宋代,田园诗更多的是关注农民生活的艰苦,这与当时的诗风及其政治是有很大关系的。王安石的《即事》,陆游的《游山西村》,范成大的《四时田园杂兴》等诗歌都是宋代田园诗的精品。

现在就让我们来欣赏田园诗鼻祖陶渊明的诗歌。东晋后期的大诗人陶渊明,是名人之后,他的曾祖父是赫赫有名的东晋大司马。年轻时的陶渊明本有"大济于苍生"之志,可是,在国家濒临崩溃的动乱年月里,陶渊明的一腔抱负根本无法实现。加之他性格耿直,清明廉正,不愿卑躬屈膝攀附权贵,因而和污浊黑暗的现实社会发生了尖锐的矛盾,产生了格格不入的感情。

陶渊明画像

陶渊明是在贫病交加中离开人世的。他原本可以活得舒适些,至少衣食不愁,但那要以付出人格和气节为代价。陶渊明因"不为五斗米折腰"而获得了心灵的自由,获得了人格的尊严,写出了流传百世的诗文。在为后人留下宝贵文学财富的同

时,也留下了弥足珍贵的精神财富。而他的诗歌就是他的人格特征的最好写照,如《归田园居》五首:

〔其一〕少无适俗韵,性本爱丘山。误落尘网[1]中,一去三十年。羁鸟恋旧林,池鱼思故渊。开荒南野际,守拙[2]归园田。方宅十余亩,草屋八九间。榆柳荫后檐,桃李罗堂前。暧暧[3]远人村,依依墟里烟。狗吠深巷中,鸡鸣桑树颠。户庭无尘杂[4],虚室有余闲。久在樊笼[5]里,复得返自然。

〔其二〕野外罕人事,穷巷寡轮鞅[6]。白日掩荆扉,对酒绝尘想。时复墟里人,披[7]草共来往。相见无杂言,但道桑麻长。桑麻日以长,我土日已广。常恐霜霰至,零落同草莽。

〔其三〕种豆南山[8]下,草盛豆苗稀。晨兴[9]理荒秽[10],带月荷锄归。道狭草木长,夕露沾我衣。衣沾不足惜,但使愿无违。

〔其四〕久去山泽游,浪莽[11]林野娱。试携子侄辈,披榛步荒墟。徘徊丘陇[12]间,依依昔人居。井灶有遗处,桑竹残朽株[13]。借问采薪者,此人皆焉如。薪者向我言,死没无复余。一世弃朝市,此语真不虚。人生似幻化,终当归空无。

〔其五〕怅恨独策还,崎岖历榛曲[14]。山涧清且浅,遇以濯[15]吾足。漉[16]我新熟酒,双鸡招近局。日入室中暗,荆薪代明烛。欢来苦[17]夕短,已复至天旭[18]。

注:[1] 尘网:官府生活污浊而又拘束,犹如网罗。这里指仕途、官场。

[2] 守拙:守正不阿。

[3] 暧暧:暗淡的样子。

[4] 尘杂:尘俗杂事。

[5] 樊笼:蓄鸟工具,这里比喻仕途、官场。

[6] 鞅:马驾车时颈上的皮带。

[7] 披:拨开。

[8] 南山:指庐山。

[9] 兴:起床。

[10] 荒秽:形容词作名词,指豆苗里的杂草。

[11] 浪莽:放纵不拘之意。

[12] 丘陇:这里指坟墓。

[13] 残朽株:指残存的枯木朽株。

[14] 榛曲:树木丛生的曲折小路。

[15] 濯:洗。

[16] 漉:用布过滤酒。滤掉酒糟。

[17] 苦:恨,遗憾。

[18] 天旭:天亮。

　　诗篇生动地描写了诗人归隐后的生活和感受,抒发了作者辞官归隐后的愉快心情和乡居乐趣,从而表现了他对田园生活的热爱,同时又隐含了对官场黑暗腐败生活的厌恶之感。表现了作者不愿同流合污,为保持完整的人格和高尚的情操而甘受田间生活的艰辛。作者陶渊明其实写的归园田居是自己理想的栖居之所。

　　《归园田居》五首是一个不可分割的有机整体。其所以是如此,不仅在于五首诗分别从辞官场、聚亲朋、乐农事、访故旧、欢夜饮几个侧面描绘了诗人丰富充实的隐居生活,更重要的是其所抒发的感情,是以一种乐在其中的情趣来贯穿这一组诗篇的。诗中虽有感情的动荡,转折,但那种欢愉,达观的明朗色彩是辉映全篇的。

　　正如一个人不愿触及心中的隐痛那样,诗人在《归园田居》中也很不愿意提及刚刚从其中解脱的污秽官场。"误落尘网中",就有点引咎自责的遗憾意味。

　　"方宅十余亩,草屋八九间。"其中洋溢着一种故园依旧,"吾爱吾庐"的深情。"榆柳荫后檐,桃李罗堂前。"檐后榆柳树影婆娑,浓阴匝地,习习清风平息了诗人心中的焦虑。眼前桃李花荣实繁,弄姿堂前,唤起诗人心中多少欢欣,诗人在同无知觉的草木交流着感情。极目远眺,炊烟融入暮霭,侧耳谛听,依稀听得犬吠鸡鸣。眼前堆案盈几的文牍案卷不见了,代之以心爱的"清琴"、"异书"。从这个意义上说,确有点儿"虚室"之感;但虚中有实,他重新开始了完全由自己来安排、支配的生活。

"久在樊笼里,复得返自然。""久"与"三十年"相映,"樊笼"与"尘网"相映,"自然"与"性"相映,而以一"返"字点明了"魂兮归来"的乐趣。是的,官场销蚀了自己的半生,玷污了自己的"清节",而今天,苦尽甘来,诗人终于得到了令人欣慰的补偿。是诗人出自肺腑的欢呼,终于脱出樊笼之束缚,像小鸟一样,重返山林,获得自由,与官府生活告别。这结句是点睛之笔,与开头呼应,集中表现了诗人高洁的志向和对黑暗现实的不满。

又如《移居》二首:

〔其一〕昔欲居南村[1],非为卜其宅。闻多素心人[2],乐与数晨夕。怀此[3]颇有年,今日从兹役[4]。弊庐[5]何必广[6],取足蔽床席[7]。邻曲[8]时时来,抗言谈在昔。奇文共欣赏,疑义相与析[9]。

〔其二〕春秋多佳日,登高赋新诗。过门更相呼,有酒斟酌[10]之。农务各自归,闲暇辄相思。相思则披衣,言笑无厌时。此理[11]将不胜?无为忽去兹。衣食当须纪[12],力耕不吾欺。

注:[1] 南村:今江西九江。
[2] 素心人:心地朴素的人。
[3] 怀此:抱着移居南村这个愿望。
[4] 从兹役:顺从心愿。
[5] 弊庐:破旧的房屋。
[6] 何必广:何须求宽大。
[7] 蔽床席:遮蔽床和席子。
[8] 邻曲:邻居,指颜延之、殷景仁、庞通等,即所谓"索心人"。
[9] 析:剖析文义。
[10] 斟酌:倒酒而饮,劝人饮酒的意思。这两句是说邻人间互相招呼饮酒。

[11] 此理:指与邻里过从畅谈欢饮之乐。

[12] 纪:经营。

  这两首是诗人陶渊明于义熙七年(408年)迁至南里之南村不久后创作的,均写与南村邻人交往过从之乐,又各有侧重。其一谓新居虽然破旧低矮,但南村多有心地淡泊之人,因此颇以能和他们共度晨夕、谈古论今为乐。其二写移居之后,与邻人融洽相处,忙时勤力耕作,闲时随意来往、言笑无厌的兴味。

  《移居》二首给人的感受是鲜明而强烈的:诗人厌恶黑暗污浊的社会,鄙视丑恶虚伪的官场,但他并不厌弃人生。在对农村田园、亲人朋友的真挚爱恋中,他找到了生活的快乐、生命的归宿、心灵的安慰。洒脱而又热爱人生,恋念人生,独特而亲切的情调,情趣与理趣共辉,陶渊明其人其诗的魅力,首先来自对人生与自然的诗意般的热爱和把握。

  和陶渊明一样"性本爱丘山"的还有唐代著名诗人孟浩然。孟浩然是唐代第一个倾大力写作山水田园诗的诗人,是山水田园诗派的代表之一,他前期主要写政治诗与边塞游侠诗,后期主要写山水诗。其诗今存二百余首,大部分是他在漫游途中写下的山水行旅诗,也有他在登临游览家乡一带的万山、岘山和鹿门山时所写的遣兴之作,还有少数诗篇是写田园村居生活的。诗中取材的地域范围相当广大。这里我们所选的《田园元日①》可以说是他田园诗中的上乘作品:

  昨夜斗回北[1],今朝岁起东[2]。我年已强仕[3],无禄[4]尚忧农。桑野[5]就耕父,荷锄随牧童。田家占气候[6],共说此年丰。

  注:[1]回北:指北斗星的斗柄从指向北方转而指向东方。古人认为北斗星斗柄指东,天下皆春;指南,天下皆夏;指西,天下皆秋;指北,天下皆冬。

---

① 元日:农历正月初一。

［2］东:北斗星斗柄朝东。

［3］强仕:强仕之年,即四十岁。

［4］无禄:没有官职。

［5］桑野:种满桑树的田野。

［6］占气候:根据自然气候推测一年收成的好坏。

这首五言律诗写作者的亲身经历,作于他去长安应试的那年春节。诗中首尾两联反映了我国古代农民非常重视观测天象,注意气候、节令与农业生产的关系。其中虽有某种程度的迷信色彩,但更多的是从生产实践中总结出来的经验,有一定的科学价值。中间两联叙写了自己的隐居生活内容,其中隐隐透露了作者不甘隐居躬耕的心情,说明他的鹿门隐居只是为了取得清高的声望,以便得到引荐达到入仕的目的。

而另一首《过①故人庄》则更多的是表现庄稼人的朴质和迷途知返的人生淡然感:

故人具[1]鸡黍,邀我至田家。绿树村边合,青山郭外斜。开轩面场圃[2],把酒话桑麻。待到重阳日,还来就[3]菊花。

注:［1］具:准备。

［2］场圃:农家的小院。

［3］就:赴。这里指欣赏的意思。

一个普通的农庄,一回鸡黍饭的普通款待,被表现得这样富有诗意。描写的是眼前景,使用的是口头语,显得很轻松。这种平易近人的风格,与他所描写的对象——朴实的农家田园和谐一致,表现了形式对内容的高度适应,恬淡亲切却又不是平浅枯燥,而是在平淡中蕴藏着深厚的情味。

① 过:拜访。

它不同于纯然幻想的桃花源,而是更富有盛唐社会的现实色彩。正是在这样一个天地里,这位曾经慨叹过"当路谁相假,知音世所稀"的诗人,不仅把政治追求中所遇到的挫折,把名利得失忘却了,就连隐居中孤独抑郁的情绪也丢开了。从他对青山绿树的顾盼,从他与朋友对酒而共话桑麻的情景中,似乎不难想见,他的思绪舒展了,甚至连他的举措都灵活自在了。农庄的环境和气氛,在这里显示了它的征服力,使得孟浩然似乎有几分皈依了。

说到皈依田园,就不得不提王维的田园诗。田园诗在王维那里并不好分辨,因为它往往与山水诗交织在一起,可以说,王维的纯粹田园诗也只 20 首左右,诗人笔下描绘的农村是一派优美的境界。王维善于抓住不同季节中富有特征性的景物,从纷繁变幻的景物中,略去次要部分,摄取最鲜明的一段和最引人入胜的刹那,加以突出的表现,将田园描绘得美妙、别致。如这首《终南别业》:

中岁颇好道,晚家南山陲。兴来每独往,胜事[1]空自知。行到水穷处,坐看云起时。偶然值[2]林叟[3],谈笑无还期[4]。

注:[1] 胜事:快意的事。
　　[2] 值:遇见;
　　[3] 林叟:乡村的老人。
　　[4] 无还期:无一定时间。

这首诗意在极写隐居终南山之闲适怡乐,随遇而安之情。第一联叙述自己中年以后就厌恶世俗而信奉佛教。第二联写诗人的兴致和欣赏美景时的乐趣。第三联写心境闲适,随意而行,自由自在。最后一联进一步写出悠然自得的心情。"偶然"遇"林叟",便"谈笑""无还期"了,写出了诗人淡逸的天性和超然物外的风采。对句既纯属自然,又含隐哲理。凝练至此,实乃不易。

同样悠然自得还有王建的这首《雨过山村》：

雨里鸡鸣一两家,竹溪[1]村路板桥斜。妇姑[2]相唤浴蚕[3]去,闲看中庭栀子[4]花。

注:[1] 竹溪:小溪旁长着翠竹。
　　[2] 妇姑:嫂嫂和小姑。
　　[3] 浴蚕:古时候将蚕种浸在盐水中,用来选出优良的蚕种,称为浴蚕。
　　[4] 栀子:常绿灌木,春夏开白花,很香。

王建的这首诗,流传至今,脍炙人口,深受诗歌迷的喜爱与推崇。这首七言绝句以简练而细腻的笔触,描绘了一幅清新秀丽的山村农忙图景。前两句,点明题目,"鸡鸣一两家"言居家之少,当为山村特有之景象,"竹溪村路板桥斜"写出了山村景色的静谧深幽。第三句写妇女冒雨浴蚕,表现农家之忙,第四句"闲看中庭栀子花",以花之"闲",反衬农家在春蚕季节之忙,造语清新,韵味无穷。全诗处处扣住山村特色,写景写人及人事,有浓郁的乡土气息。

在古代,满腹经纶的诗人,常常都有一种"先天下之忧而忧"的情怀,他们以笔为剑,直刺统治阶级的剥削,直刺社会的不公。这种思想感情和杜甫等人是相同的,这是唐代田园诗的一个特点,也是中国古典诗歌中的一个优良传统。比如韦应物的《观田家》:

微雨众卉新,一雷惊蛰始。田家几日闲,耕种从此起。丁壮俱在野,场

韦应物画像

圃亦就理。归来景常晏[1],饮犊西涧水。饥劬[2]不自苦,膏泽[3]且为喜。仓廪无宿储,徭役犹未已。方惭不耕者,禄食出闾里[4]。

注:[1]景常晏:指天晚。
　　[2]劬:劳苦。
　　[3]膏泽:指雨下到田里。
　　[4]闾里:民间、乡里。

《观田家》诗中通过对农民终岁辛劳而不得温饱的具体描述,深刻揭示了当时赋税徭役的繁重和社会制度的不合理。自惊蛰之日起,农民就没有"几日闲",整天起早贪黑地干农活,结果却家无隔夜粮,劳役没个完。作者想起自己不从事耕种,但是俸禄却是来自乡里,心中深感惭愧。身为封建官吏能够这样自责,确实是难得的。又如张籍的《野老歌》:

老农家贫在山住,耕种山田三四亩。苗疏税多不得食,输入官仓化为土。岁暮锄犁倚空室,呼儿登山收橡实。西江贾客珠百斛,船中养犬长食肉。

中唐时代,政治黑暗,统治阶级剥削残酷,因此抒写农民疾苦的题材也成为新乐府诗人创作的一个重要主题。张籍的《野老歌》,就是写一个老农在高额的苛捐杂税的重压之下,最后过着依靠拾橡实填饱肚子的生活。即使这样,他还不如当时被称为"贱类"的富商的一条狗。张籍通过这样一个人、狗对比的悲惨情形,突出表现了农民的痛苦和当时社会的不合理。

还有聂夷中的《伤田家》也广为传诵。它除了真实而高度概括地再现了封建社会的黑暗现实、反映了农民的痛苦生活、具有高度的思想性之外,还有着高超的表现技巧:

二月卖新丝,五月粜新谷。医得眼前疮,剜却心头肉。我愿君王心,化作光明烛。不照绮罗筵,只照逃亡屋。

首先,形象的比喻,高度的概括,使得诗歌的视野更为广阔。对农民被迫借取高利贷及其更惨痛的后果,诗人并未明白道出,而是用"剜却心头肉"以"医得眼前疮"来比喻。剜肉补疮,并非根本的疗毒之策,它只会造成更加严重的新局面。以"剜肉补疮"来比喻农民以借高利贷济燃眉之急,是再形象不过了,也是再具有概括力不过的了。这个比喻,一方面使诗歌的形象具备了可感性,另一方面也深刻地揭示了问题的本质,使有限的形式容纳了无限广阔深厚的社会内容。

其次,鲜明的对比手法的运用,把封建社会中贫富悬殊的阶级差别给历历如绘地描写出来了。"不照绮罗筵,只照逃亡屋",本是对"君王"的希冀之语,但其中却包含了双重对比的意味。从"君王"的角度来说,恩泽不均,只顾富室,不恤贫苦。这一对比,就把"君王"的阶级立场给鲜明地展示在读者面前。从社会现实的角度来看,一边是权贵豪门华丽的衣着,丰盛的筵宴,一边却是无衣无食,贫困破产,逃亡在外。这一对比,就把地主富室用高利贷剥削农民的严重恶果给突显出来了。如此形象的对比,也把作者鲜明的爱憎之情给烘托得淋漓尽致。

聂夷中出身贫寒,871年登进士第。久滞长安,后授华阴县尉,仕途颇不得意,后不知所终。其诗多为五言,尤工乐府,内容充实,多反映农民的痛苦生活,揭露封建统治者的淫奢,语言质朴无华,深切动人。

在其后又有杜荀鹤。他的诗的主要成就在于为数不多的同情人民苦难的作品。《时世行》两首,又题作《山中寡妇》、《乱后逢村叟》,深刻地描绘了战乱使农村人民遭受沉重苦难的画面。《旅泊遇郡中叛乱示同志》揭露了地方藩镇趁火打劫的罪行。在诗人笔下再现了黄巢起义被镇压后,藩镇混战的年月里人民的痛苦生活。这类诗篇运用律诗和绝句的形式而又不为声律所束缚,语言清新通俗,爽健有力。

《山中寡妇》通过山中寡妇这样一个典型人物的悲惨命运,透视当时社会的面貌,语极沉郁悲愤。唐朝末年,朝廷上下,军阀之间,连年征战,造成"四海十年人杀尽"的悲惨局面,给人民带来极大的灾难。此诗的"夫因兵死守蓬茅",就从这兵荒马乱的时代着笔,概括地写出了这位农家妇女的不幸遭遇:战乱夺走了她的丈夫,迫使她孤苦一人,逃入深山破茅屋中栖身:

夫因兵死守蓬茅[1],麻苎衣衫鬓发焦[2]。桑柘[3]废来犹纳税,田园荒后尚征苗。时挑野菜和根煮,旋斫生柴带叶烧。任是深山更深处,也应无计避征徭。

注:[1] 蓬茅:茅草盖的房子。
　　[2] 鬓发焦:因吃不饱,身体缺乏营养而头发变成枯黄色。
　　[3] 柘:树木名,叶子可以喂蚕。

另外值得一提的是唐代诗人王绩的《野望》,写的是山野秋景,在闲逸的情调中,带着几分彷徨、孤独和苦闷。它是王绩的代表作,也是现存唐诗中最早的一首格律完整的五言律诗。

东皋[1]薄暮望,徙倚[2]欲何依。树树皆秋色,山山唯落晖[3]。牧人驱犊返,猎马带禽归。相顾无相识,长歌怀采薇[4]。

注:[1] 东皋:诗人隐居的地方。
　　[2] 徙倚:徘徊,来回地走。
　　[3] 落晖:落日。
　　[4] 采薇:薇,是一种植物。相传周武王灭商后,伯夷、叔齐不愿做周的臣子,在首阳山上采薇而食,最后饿死。古时以"采薇"代指隐居生活。

起句写傍晚在东皋伫望,次句写望后产生的寂寞悯然心情。三四句写晚景,用"树树"、"山山"、"皆"、"唯"极写"秋色"、"落晖"的浓重。

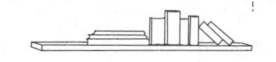

五六句通过人事活动,进一步写晚景。最后两句说面对牧者、猎者,虽相见而不相识。自己甘愿过"采薇而食"的隐居生活,表现出作者不问世事的闲适思想。这首诗写景抒情朴素自然,摆脱了初唐轻靡华艳的诗风,在当时的诗坛上别具一格。

王绩好酒,又非常爱好弹琴,曾将旧曲改为《山水操》,为知音者所赏。王绩精于占卜算卦,兼长射覆(在瓯、盂等器具下覆盖某一物件,让人猜测里面是什么东西),为时人所称道。但最大成就在于诗歌,有《王无功文集》五卷本行世,被后世公认为是五言律诗的奠基人,扭转齐梁余风,为开创唐诗作出重要贡献,在中国诗歌史上具有非常重要的地位。

宋代的田园诗也有许多杰作,但多数都表现为对农村风光的描写,对农村生活的留恋,而缺乏唐诗的那种对现实的关怀。王安石的田园诗,在有宋一代的成就是很高的。如《即事》:

径暖草如积,山晴花更繁。纵横一川水,高下数家村。静憩鸡鸣午,荒寻犬吠昏。归来向人说,疑是武陵源。

这首诗表达的就是王安石变法失利后,辞去相位退居金陵,日游钟山时的所见所感。看似脱却世故,其实还是人退而心不退,故作此诗,以表达心中的不平。

在诗人王安石的笔下,一切都是鲜活的,都是充满生机与活力的,"涧"是鲜活的,在山间竹林里回环往复,奔腾跳跃,唱着歌带着笑流向远方;"竹"也是鲜活的,仿佛在你的心灵深处亭亭玉立,舞动腰身,款款弄姿,将那婀娜的影子倒影于流水之中;再看那"花草",正舞弄柔情。然而,在诗人的笔下,一切又都那么幽深静寂,"涧"是幽静的,"花草"也是幽静的,无声无息,自生自长,随心所欲,享受春天,自我陶醉。人呢?"茅檐相对坐终日",整天整日一声不响地在屋檐下对着大山静静地坐着,悠闲、寂寞。山林呢?连一声鸟叫都没有,那山林深处究竟有多幽静就可想而知了,何况还特意在"幽"前边着了一个"更"字呢?作品看似表露诗人心中的种闲适自得,然而细细品味则不难体会出字里得间蕴含着的孤独、寂寞和政治上的失意。

再如他的《书湖阴先生①壁》一诗:

茅檐长扫净无苔,花木成畦[1]手自栽。一水护田[2]将[3]绿绕,两山排闼[4]送青来。

注:[1] 成畦:成垄成行。
　　[2] 护田:保护园田。据《汉书·西域传序》记载,汉代西域置屯田,派使者校尉加以领护。
　　[3] 将:携带。
　　[4] 排闼:推开门。

这首诗是题写在湖明先生家屋壁上的。前两句写他家的环境,洁净清幽,暗示主人生活情趣的高雅。后两句转到院外,写山水对湖阴先生的深情。暗用"护田"与"排闼"两个典故,把山水化成了具有生命感情的形象,山水主动与人相亲,正是表现人的高洁。诗中虽然没有正面写人,但写山水就是写人,景与人处处照应,句句关合,融化无痕。诗人用典十分精妙,读者不知典故内容,并不妨碍对诗歌大意的理解;而诗歌的深意妙趣,则需要明白典故的出处才能更深刻地体会。

而宋代田园诗中最有陶渊明遗韵的当属陆游了。他在《游山西村》中那句"山重水复疑无路,柳暗花明又一村",乃田园诗歌中少有之佳句:

莫笑农家腊酒浑,丰年留客足鸡豚。山重水复疑无路,柳暗花明又一村。箫鼓追随春社近,衣冠简朴古风存。从今若许闲乘月,拄杖无时

---

① 湖阴先生:指杨德逢,是作者元丰年间(1078—1086)闲居江宁(今江苏南京)时的一位邻里好友。

夜叩门。

　　这首诗首联渲染出丰收之年农村一片宁静、欢悦的气象。腊酒，指腊月酿制的酒。豚，是猪。足鸡豚，意谓鸡猪足。这两句是说农家酒味虽薄，而待客情意却十分深厚。一个"足"字，表达了农家款客时尽其所有的盛情。"莫笑"二字，道出了诗人对农村淳朴民风的赞赏。"山重水复疑无路，柳暗花明又一村"。这是一联脍炙人口的名句。它的妙处，不仅在善于描写难状之景以及对仗的工巧，而是在于"等闲语言变瑰奇"，出语自然天成，又富于哲理，耐人咀嚼。但在意境的开拓上，可以这样说，这些诗句要远逊于陆游。这联上句通过一个"疑"字，把徐行山村而周围山峦重叠、流水萦绕的迷路的感觉刻画得形神毕现；下句承上，把移步换形所见之繁花似锦的春日美景，描绘得宛然在目。这样使感觉的形象与视觉的形象有机结合在一起，构成一幅优美动人而又奇妙的画面。这一联不仅写得极其自然，而且用语浅近，含意丰富，仿佛信手拈来，却又出人意表。所以千百年来一直赢得人们的普遍喜爱，如今已成为广泛流传的成语。当人们吟诵这两句诗时，不单是欣赏这难以言状的美妙的山村自然风光，还从中领悟到它所蕴含的哲理思想的启示——只要人们正视现实，面对重重艰难险阻时不退缩，不畏惧，勇于开拓，发奋前进，那么，前方将是一个充满光明与希望的崭新境界。

　　此外，陆游还写了四首题为《小园》的田园诗，非常美，这里选其中两首来欣赏：

陆游雕像

〔其一〕小园烟草接邻家,桑拓阴阴一经斜。卧读陶诗未终卷,又乘微雨去锄瓜。

〔其三〕村南村北鹁鸪声,水刺新秧漫漫平。行遍天涯千万里,却从邻父学春耕。

这两首绝句描写作者在乡村的日常生活,乡村景色和邻里关系。"烟草"给读者满眼微朦的青色。"斜"说明小径曲折,"曲径通幽",前二句写屋外的景色。后二句写人,延至屋内。陶渊明的诗自然真切,安适淡雅,陆游卧读,也有几分相似,若读陶诗终卷,是好意境。然而,不终卷时,又乘微雨荷锄而去,更有陶之神韵。闲且闲,闲中又有生活的压力。后首春鸟啼鸣,催人栽种,水冷秧新苗幼芽嫩,一派春色。"行遍"句宕开笔调,突出末句邻父的善良。前者工笔细画,后首粗笔勾勒,达意而已。语言浅显明白,意境悠长,颇有陶渊明之遗风。

诗人范成大是宋代大量写作田园诗的作家,特别是他晚年写的《四时田园杂兴》和《腊月村田乐府》,描述了江南农村生活的各个方面,像一长卷生动的农村风俗画,展示了丰富多彩的宋代风土人情,富有浓郁的乡土气息。这是他之前的诗人所很少着墨的。尤其可贵的是,其中还有不少篇章把农村自然景色的描写和对封建剥削的揭露结合起来,赋予以闲适为其特征的传统的田园诗以更深刻的内容,这和他早期写作乐府诗的精神是一致的。我们选了他《四时田园杂兴》[①]中的两首来欣赏:

〔其一十四〕梅子金黄杏子肥,麦花雪白菜花稀。日长篱落无人过,唯有蜻蜓蛱蝶飞。

〔其一十八〕昼出耘田夜绩麻,村庄儿女各当家。童孙未解供耕织,也傍桑阴学种瓜。

---

① 《四时田园杂兴》是诗人退居家乡后写的一组大型的田园诗,分春日、晚春、夏日、秋日、冬日五部分,每部分各12首,共60首。

《四时田园杂兴》第十四首写初夏江南的田园景色。诗中用梅子黄、杏子肥、麦花白、菜花稀,写出了夏季南方农村景物的特点,有花有果,有色有形。前两句写出梅黄杏肥,麦白菜稀,色彩鲜丽。诗的第三句,从侧面写出了农民劳动的情况:初夏农事正忙,农民早出晚归,所以白天很少见到行人。最后一句又以"唯有蜻蜓蛱蝶飞"来衬托村中的寂静,静中有动,显得更静。后两句写出昼长人稀,蜓飞蝶舞。

　　第十八首描写农村初夏时节生活中的一个场景。首句"昼出耘田夜绩麻"是说:白天下田去除草,晚上搓麻线,"绩"是搓的意思。"耘田"即除草。初夏,水稻田里秧苗需要除草了。这是男人们干的活。"绩麻"是指妇女们在白天干完别的活后,晚上就搓麻线,再织成布。这句直接写劳动场面。次句"村庄儿女各当家","儿女"即男女,全诗用老农的口气,"儿女"也就是指年轻人。"当家"指男女都不得闲,各司其事,各管一行。第三句"童孙未解供耕织","童孙"指那些孩子们,他们不会耕也不会织,却也不闲着。他们从小耳濡目染,喜爱劳动,于是"也傍桑阴学种瓜",也就在茂盛成荫的桑树底下学种瓜。这是农村中常见的现象,却颇有特色。结句表现了农村儿童的天真情趣。诗人用清新的笔调,对农村初夏时的紧张劳动气氛,作了较为细腻的描写,读来意趣横生。

　　最后,我们来欣赏一首清代诗人王士禛的田园诗。

　　王士禛是清初诗坛上"神韵说"的倡导者。后人所辑《带经堂诗话》,反映了他的论诗主张。王士禛论诗以"神韵"为宗,而其渊源则本于司空图和严羽。他鼓吹"妙悟"、"兴趣",以"不着一字,尽得风流"为诗的最高境界。强调淡远的意境和含蓄的语言。王士禛的诗歌创作,早年从明七子入手,"中岁逾三唐而事两宋",晚年又转而宗唐,但是在这三次转变中,提倡"神韵说"是贯穿始终的。最能体现王士禛"神韵说"理论,并且写得好的是他的七言绝句。其田园诗《真州绝句》便完美地体现了这点:

江干多是钓人居,柳陌菱塘一带疏。好是日斜风定后,半江红树卖鲈鱼。

这首诗描写真州民间风情,表现了真州景物的美丽、真州风俗人情的淳朴。一、二句写真州江边多半是渔人的住家,疏疏落落地分布在长着柳树的路旁和种植菱藕的池塘一带的地方。这两句写真州江边景物的美丽,衬出渔人居住环境的秀美。三、四句写真州江边最美好的景观是夕阳西下时,江风平息之后,江的一侧岸上被夕阳映红的树丛下,渔民在卖鲈鱼。这两句写出傍晚时江岸的美景,表现了渔民生活:他们以捕鱼为生,到傍晚时分,便把一天所捕到的鱼,拿到江边的树下叫卖。作者赞赏渔人以打鱼为生、自食其力。

陶渊明是我国文学史上最早出现的一位田园诗人。他接近农民,亲自参加农业劳动,对农村生活有着深切的体验。他的许多诗歌,表现对劳动和农村田园风光的赞美,道出了自己恬淡闲适的生活和情趣。由于他的诗风格质朴自然而形象鲜明,语言上也很有成就,因此对后世田园诗的创作影响极其深远。

唐代是田园诗创作异彩纷呈、云蒸霞蔚的时代。初盛唐时期,经济繁荣,优裕的物质生活,使诗人陶情于田园山水,他们或把隐居乡野山林作为求官出仕的"终南捷径",或因官场失意,把过乡居生活作为超脱宦海风波的方式或麻痹政敌的韬晦之计。这一时期还产生了王维、孟浩然的山水田园诗派。孟浩然以布衣终老,隐居故乡的鹿门山。王维在仕途受挫后,买下宋之问的蓝田辋川庄,亦官亦隐。他们的田园诗具备下列两个特点:一是与山水诗融合,许多写山村自然景观及隐士生活的田园诗,与山水诗已无明显的区别,充其量也只是侧重点有所不同。如《积雨辋川庄作》、《山居秋暝》、《新晴野望》、《过故人庄》等。二是王、孟(尤其是王维)的诗较之陶渊明、谢灵运更重视意境的刻画,从大自然恬静的美景中显示出诗人高蹈出世的情操和志趣。如王维的《渭川田家》、《桃源行》、《辋川闲居赠裴秀才迪》等无不如此。

中晚唐时期藩镇割据、宦官专权的痼疾一直未能根治,战乱、灾荒、统治者的巧取豪夺给人民带来不幸。"国家不幸诗家幸",中晚唐时期却成为现实主义田园诗作的黄金时代。这一时期的田园诗虽也有"雉飞鹿过芳草远,牛巷鸡埘春日斜"(杜牧《商山麻涧》)、"桑柘影斜春社散,家家扶得醉人归"(王驾《社日》)那样恬适、宁静的乡居生活,诗人笔下更多"四海无闲田,农夫犹饿死"(李绅《悯农》)、"愁听门外催里胥,官家二月收新丝"(唐彦谦《采桑女》)的血泪篇章。中晚唐的田园诗较少受陶、谢的影响而上接《诗经》和《汉乐府》。许多作品讽刺辛辣,见解深刻,具有较高的思想价值。而张籍的《野老歌》、王建的《田家行》、柳宗元的《田家行》、白居易的《杜陵叟》等这类诗则具有新乐府田园诗的味道。宋初的田园诗创作受中晚唐诗风影响,这一时期写作田园诗较多的是受白居易和晚唐皮日休、陆龟蒙、杜荀鹤影响的一些关心民瘼、政治地位不高的诗人。如王禹偁《畲田调》、《村行》,梅尧臣《田家语》、《陶者》,张俞《蚕妇》。这些诗还未打上宋诗议论化、散文化的烙印,也还未形成自身的明显特点。开创宋代诗风的苏轼、黄庭坚及大政治家、大改革家王安石的田园诗作,则不仅一般具有关心人民疾苦的内容,而且带有鲜明的政治倾向。如苏轼的《山村五绝》、《吴中田妇叹》,黄庭坚的《上大蒙笼》、《劳坑入前城》,王安石的《后元丰行》。

陆游、杨万里、范成大以写作田园诗著称。他们都是年老告别官场以后长期退隐田园的。他们对农民所受的剥削压迫寄予了满腔同情,其中尤以范成大的田园诗作成就更高。它描述了江南农村生活的各个方面,展示了宋代农村的风土人情,有着浓郁的地方特色。他的《四时田园杂兴》历来被推为田园诗的光辉典范,这是因为它不仅题材开阔,而且诗句清丽明快,形象鲜明生动,而成为田园诗发展史上的丰碑。

第三章

醉卧沙场君莫笑——边塞篇

一般认为,边塞诗初步发展于汉魏六朝时代,隋代开始兴盛,唐代进入发展的黄金时代。

汉魏南北朝的边塞诗多反映边地战争的艰苦和征人思妇的相思苦。诗歌体裁以乐府诗为主。代表作品如:陈琳的《饮马长城窟行》,鲍照的《代出自蓟北门行》,蔡文姬的《胡笳十八拍》、《悲愤诗》,徐陵的《关山月》、王褒的《渡河北》等。陈琳的《饮马长城窟行》中,诗人分别以旁观者的口吻、边疆战士的口吻、家中思妇的口吻,真实地诉说了边塞征战之苦。语言朴素,构思独特,代表了这一时期的边塞诗风格。

隋代的边塞诗较为普遍,甚至出现多位诗人同题唱和边塞诗的盛况。诗歌体裁既有歌行体又有近体绝句。虽数量不多,但促进了边塞诗的发展。代表作品有:隋炀帝杨广的《饮马长城窟行》、卢思道的《从军行》、薛道衡的《出塞》等。隋炀帝早年西巡张掖时作《饮马长城窟行》,后代文人对他诗篇的评价极高:"混一南北,炀帝之才,实高群下。"唐贞观二

隋炀帝画像

年(628年)七月,在朝堂上,李世民大谈隋炀帝的诗文,他说:"朕观《隋炀帝集》,文辞奥博,亦知是尧、舜而非桀、纣。"他对隋炀帝的诗文评价是非常高的,认为是尧舜之言。李世民对隋炀帝的诗文到了痴迷的程度。他经常不自觉地就吟出隋炀帝的诗文,不自觉地就击节叫好。他还把隋代旧廷里的乐官请过来,把隋炀帝的诗作谱成曲,一起唱和。

描写边塞的诗歌是唐代诗歌的重要组成部分,是唐诗当中思想性最深刻,想象力最丰富,艺术性最强的一部分。唐代的边塞诗是纵贯初唐、盛唐、中唐、晚唐整个过程的。大致的情况是这样的:一些有切身边塞生活经历和军旅生活体验的作家,从亲历的见闻和经验来进行边塞诗创作;另一些诗人则利用间接的材料,用一些乐府旧题进行旧调翻新,这类乐府诗题在不同时期其内涵也各不相同。显然,后者的作家人数更多,数量也多得多,而且出现了很多杰作。但就总体水平而言,前者的那类诗作更贴近边塞生活,更能准确反映时代精神,艺术特色也更为鲜明。由于国力强弱不同,在对外战争中的胜负不同,初盛唐边塞诗中多昂扬奋发的格调,中唐前期尚有其余响,而中唐后期及晚唐只有对昔日盛况的追慕以及对凄凉现实的哀叹。终唐之世,边塞诗始终是唐诗中思想性最深刻、想象力最丰富、艺术性最强的部分。其代表人物有王昌龄、王翰、王之涣、岑参、高适、李益等。宋、元、明、清代的边塞诗在内容和体裁上虽然有所创新,但总体上都是延续了唐代的风格,极少有超越性的作品出现。

下面我们就以时间为顺序,踏上边塞的"旅程",去寻找古人的踪迹。

陈琳是"建安七子"[建安七子,是建安年间(196—220)七位文学家的合称,包括:孔融、陈琳、王粲、徐干、阮瑀、应玚、刘桢。这七人大体上代表了建安时期除曹氏父子外的优秀作家,所以"七子"之说,得到后世的普遍承认。他们对于诗、赋、散文的发展,都曾作出过贡献]之一,历史上著名的文学家,具有经世济民的政治抱负。陈琳生逢汉末动乱时代,

一生三易其主,始终不改初衷,渴望建功立业。他的《饮马长城窟①行》是边塞诗的经典:

饮马长城窟,水寒伤马骨。往谓长城吏:"慎莫稽留太原卒!""官作[1]自有程[2],举筑[3]谐汝声!""男儿宁当格斗死,何能怫郁[4]筑长城?"长城何连连,连连三千里。边城多健少,内舍多寡妇。作书与内舍:"便嫁莫留住。善待新姑嫜,时时念我故夫子!"报书往边地:"君今出语一何鄙!""身在祸难中,何为稽留他家子?生男慎莫举[5],生女哺用脯。君独不见长城下,死人骸骨相撑拄!""结发行事君,慊慊[6]心意关。明知边地苦,贱妾何能久自全?"

注:[1] 官作:官府工程。
　　[2] 程:期限。
　　[3] 筑:夯类等筑土工具。
　　[4] 怫郁:烦闷。
　　[5] 举:养育成人。
　　[6] 慊慊:怨恨的样子,这里指两地思念。

本诗采取了点面结合、以点为主的手法,诗中既有广阔的图景,更有具体细腻的描绘,两者相互引发,概括而深刻地反映了"筑怨兴徭九千里",所酿成的社会的和家庭的悲剧,显示了作者驾驭题材的能力。诗中人物的思想活动,均以对话的手法逐步展开,而对话的形式又巧于变化,这一点是深得前人称赞的。不仅如此,语言也很有特色,役卒对差吏的刚毅、愤慨之词,对妻子那种恩爱难断、又不得不断的寄语,都表现了感情的复杂性和性格的丰富性;妻子那一番委婉缠绵而又斩钉截铁的话语,则写出了她纯洁坚贞的深情;就是那差吏不多的两句话,也刻画出其可憎的面目。如此"奇作"的出现,除了作者的才华与技巧之外,似乎还

① 长城附近的泉眼。

应该指出,它与诗人对当时连年战乱、"人民死丧略尽"的现实的了解,对人民命运的同情与关注是密不可分的。

这首诗用乐府旧题,以秦代统治者驱使百姓修筑长城的史实为背景,通过筑城役卒夫妻的对话,揭露了无休止的徭役给人民带来的深重灾难。诗中用书信往返的对话形式,揭示了男女主人公的内心世界和他们彼此间的深深牵挂,赞美了筑城役卒夫妻生死不渝的高尚情操。语言简洁生动,真挚感人。

边塞诗之所以能够打动人,就是由于它的感情之真。才女蔡文姬一生不幸,她的《悲愤诗》是我国文学史上文人创作的第一首自传体五言长篇叙事诗。关于蔡文姬,生卒年不详,名琰,她的父亲蔡邕是当时大名鼎鼎的文学家和书法家,还精于天文数理,妙解音律,是曹操的挚友和老师。生在这样的家庭,蔡文姬自小耳濡目染,既博学能文,又善诗赋,兼长论辩与音律。蔡文姬从小以班昭为偶像,也因此从小留心典籍、博览经叟。并有志与父亲一起续修《汉书》,留名青史。可惜东汉末年,社会动荡,她初嫁于卫仲道,后因无子,丈夫死去而回到母家,又因匈奴入侵,蔡文姬被掳到了南匈奴,嫁给了虎背熊腰的匈奴左贤王,饱尝了异族异乡异俗生活的痛苦,生育两个儿子。十二年后,曹操统一北

蔡文姬雕像

方,想到恩师蔡邕对自己的教诲,用重金赎回了蔡文姬。文姬归汉后,嫁给了董祀,并留下了动人心魄的《胡笳十八拍》和《悲愤诗》。《悲愤诗》全诗108句,计540字,它真实而生动地描绘了诗人在汉末大动乱中的悲惨遭遇,也写出了被掠人民的血和泪,是汉末社会动乱和人民苦难生活的实录,具有史诗的规模和悲剧的色彩。诗人的悲愤,具有一定的典

型意义,它是受难者对悲剧制造者的血泪控诉。字字是血,句句是泪:

汉季失权柄,董卓乱天常[1]。志欲图篡弑[2],先害诸贤良[3]。逼迫迁旧邦[4],拥主以自强。海内兴义师[5],欲共讨不祥[6]。卓众[7]来东下,金甲耀日光。平上人脆弱,来兵皆胡羌[8]。猎野围城邑,所向悉破亡。斩截[9]无孑[10]遗,尸骸相撑拒[11]。马边悬男头,马后载妇女。长驱西入关[12],迥[13]路险且阻。还顾邈冥冥[14],肝胆为烂腐。所略有万计,不得令屯聚。或有骨肉俱,欲言不敢语。失意几微间,辄言弊降虏[15]。要当以亭刃[16],我曹[17]不活汝。岂敢惜性命,不堪其詈骂。或便加棰杖,毒[18]痛参[19]并下。旦则号泣行,夜则悲吟坐。欲死不能得,欲生无一可。彼苍者[20]何辜,乃遭此厄祸。边荒[21]与华异,人俗少义理[22]。处所多霜雪,胡风春夏起。翩翩吹我衣,肃肃入我耳。感时念父母,哀叹无穷已。有客从外来,闻之常欢喜。迎问其消息,辄复非乡里。邂逅[23]徼[24]时愿,骨肉[25]来迎己。已得自解免,当复弃儿子。天属[26]缀[27]人心,念别无会期。存亡永乖隔,不忍与之辞。儿前抱我颈,问母欲何之。人言母当去,岂复有还时。阿母常仁恻,今何更不慈。我尚未成年,奈何不顾思。见此崩五内[28],恍惚[29]生狂痴[30]。号泣手抚摩,当发复回疑。兼有同时辈,相送告离别。慕我独得归,哀叫声摧裂。马为立踟蹰,车为不转辙。观者皆嘘唏,行路亦呜咽。去去割情恋,遄征[31]日遐迈[32]。悠悠三千里,何时复交会。念我出腹子,胸臆为摧败。既至家人尽,又复无中外[33]。城廓为山林,庭宇生荆艾。白骨不知谁,纵横莫覆盖。出门无人声,豺狼号且吠。茕茕[34]对孤景[35],怛咤[36]糜肝肺。登高远眺望,魂神忽飞逝。奄若寿命尽,旁人相宽大[37]。为复强视息[38],虽生何聊赖[39]。托命于新人[40],竭心自勖[41]励。流离成鄙贱,常恐复捐废[42]。人生几何时,怀忧终年岁。

注:[1] 天常:天之常道。"乱天常",犹言悖天理。
　　[2] 篡弑:言杀君夺位。董卓于公元189年以并州牧应袁绍召入都,废汉少帝

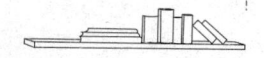

(刘辩)为弘农王,次年杀弘农王。

[3] 诸贤良:指被董卓杀害的丁原、周珌、任琼等。

[4] 旧邦:指长安。公元190年董卓焚烧洛阳,强迫君臣百姓西迁长安。

[5] 兴义师:指起兵讨董卓。初平元年(190年)关东州郡皆起兵讨董,以袁绍为盟主。

[6] 祥:善。

[7] 卓众:指董卓部下李榷、郭汜等所带的军队。初平三年(192年),李、郭等出兵关东,大掠陈留、颍川诸县。蔡琰于此时被掳。

[8] 胡羌:指董卓军中的胡人和羌人。董卓所部本多羌、氐族人。

[9] 截:斩断。

[10] 孑:独。这句是说杀得不剩一个。

[11] 相撑拒:互相支拄。这句是说尸体众多堆积杂乱。

[12] 西入关:指入函谷关。卓众本从关内东下,大掠后还入关。

[13] 迥:遥远。

[14] 邈冥冥:邈远迷茫貌。

[15] 毙:即"毙",詈骂之词。"毙降虏",犹言"死囚"。

[16] 亭:古通"停"。"停刃"犹言加刃。

[17] 我曹:犹我辈,兵士自称。

[18] 毒:恨。

[19] 参:兼。这句是说毒恨和痛苦交并。

[20] 彼苍者:指天。这句是呼天而问,问这些受难者犯了什么罪。

[21] 边荒:边远之地,指南匈奴,其地在河东平阳(今山西省临汾附近)。蔡琰如何入南匈奴人之手,此诗略而不叙,史传也不曾明载。《后汉书》本传只言其时在兴平二年(195年)。是年十一月李榷、郭汜等军为南匈奴左贤王所破,疑蔡琰就在这次战争中由李、郭军转入南匈奴军。

[22] 少义理:言其地风俗野蛮。这句隐括自己被蹂躏被侮辱的种种遭遇。

[23] 邂逅:不期而遇。

[24] 徼:侥幸。这句是说平时所觊望的事情意外地实现了。

[25] 骨肉:喻至亲。作者苦念故乡,见使者来迎,如见亲人,所以称之为骨肉。或谓曹操遣使赎蔡琰或许假托其亲属的名义,所以诗中说"骨肉来迎"。

[26] 天属:天然的亲属,如父母、子女、兄弟、姐妹。

[27] 缀:联系。

[28] 五内:五脏。

[29] 恍惚:精神迷糊。

[30] 生狂痴:发狂。

[31] 遄征:疾行。

[32] 日遐迈:一天一天地走远了。

[33] 中外:犹中表,"中"指舅父的子女,为内兄弟,"外"指姑母的子女,为外兄弟。

[34] 茕茕:孤独貌。

[35] 景:同"影"。

[36] 怛咤:惊痛而发声。

[37] 相宽大:劝她宽心。

[38] 息,生息。这句是说又勉强活下去。

[39] 何聊赖:言无聊赖,就是无依靠,无乐趣。

[40] 新人:指作者重嫁的丈夫董祀。

[41] 勖:勉励。

[42] 捐废:弃置不顾。

蔡文姬善于挖掘自己的感情,将叙事与抒情紧密地结合在一起。虽为叙事诗,但情系乎辞,情事相称,叙事不板不枯,不碎不乱。它长于细节的描绘,当详之处极力铺写,如俘虏营中的生活和别子的场面,描写细腻,如同电影中的特写镜头;当略之处,一笔带过,如"边荒与华异,人俗少义理"两句,就是高度地艺术概括。叙事抒情,局阵恢张,波澜层叠。它的叙事,以时间先后为序。以自己遭遇为主线,言情以悲愤为旨归。在表现悲愤的感情上,纵横交错,多层次,多侧面。她的伤心事太多了:被掠、杖骂、受侮辱、思父母、别子、悲叹亲人丧尽、重嫁后的怀忧,诗中可数者大约有七八种之多,但是最使她痛心的是别子。作者为突出这一重点,用回环往复的手法,前后有三四次念子的艺术描写。正面描写别子的场面,写得声泪俱下。同辈送别的哀痛,又为别子的哀痛作了衬托。赎归上路后,又翻出"念我出腹子,胸臆为摧败"一层。难以割舍的情恋，是因别子而发。从这里可以看出别子是诗人最强烈、最集中、最突出的悲痛，从中可以看到一颗伟大的母亲的心在跳动。诗人的情感在这方面挖掘得最深，因此也最为动人，这是令人叹为观止的艺术匠心之所在。

《悲愤诗》的真实感极强，诗中关于俘虏生活的具体描写和别子时进退两难的复杂矛盾心情，非亲身经历是难以道出的。这首诗语言浑朴，"真情穷切，自然成文"，它具有明白晓畅的特点，无雕琢斧凿之迹。某些人物的语言，逼真传神，具有个性化的特点。如贼兵骂俘虏的几句恶言恶语，与人物身份吻合，让读者如闻其声，如见其人，形象鲜明生动。文姬别子时，儿子说的几句话，酷似儿童的语气，似乎可以看到儿童抱着母亲的颈项说话的神态，看出小儿嘟着小嘴的样子。孩子的天真、幼稚和对母亲的依恋，跃然纸上。这在此前的诗歌中是罕见的。

比蔡文姬晚了将近二百年、被后世称为"元嘉三大家"之一的鲍照，出身贫贱。临海王刘子顼镇荆州时，任前军参军。刘子顼作乱，鲍照为乱兵所杀。他长于乐府诗，其七言诗对唐代诗歌的发展起了很重要的作用。他的《代出自蓟北门行》是乐府旧题，属杂曲歌辞。诗通过对边疆紧急战事和边境恶劣环境的渲染，突出表现了壮士从军卫国、英勇赴难的壮志和激情。鲍照没有边塞生活的直接经验，却写出了成功的边塞作品，很可能是因为他善于把自己积累的北方边塞生活的间接知识，与前辈作家的创作经验艺术地结合起来，成为南朝诗坛的一朵奇葩。作品在思想与艺术上能达到较完美的统一，是由于紧凑曲折的情节，不断变化的画面和鲜明突出的形象在诗里得到了有机的结合。其中紧凑的情节，更起了重要作用。它由边亭告警，征骑分兵，加强防卫，进而写到虏阵精强，天子按剑，使者促战。然后着重写了汉军的壮伟场面和战地的自然风光。最后以壮士捐躯，死为国殇的高潮作结。全诗如下：

羽檄[1]起边亭，烽火入咸阳。征师屯广武，分兵救朔方[2]。严秋筋竿劲，虏阵精且强。天子按剑怒，使者遥相望。雁行缘石径，鱼贯度飞梁。箫鼓流汉思，旌甲[3]被胡霜。疾风冲塞起，沙砾自飘扬。马毛缩如蝎,角弓不可张。时危见臣节,世乱识忠良。投躯报明主,身死为国殇[4]。

注:[1]羽檄:古代的紧急军事公文。边亭:边境上的瞭望哨。
[2]朔方:汉郡名,在今内蒙古自治区河套西北部及后套地区。
[3]旌甲:旗帜、盔甲。
[4]国殇:为国牺牲的人。

风景迤逦的边塞,总是伴随着残酷的战争,多少英雄将士在此寻觅功名,正如卢思道《从军行》所写:"将军何处觅功名",可叹矣:

朔方烽火照甘泉,长安飞将出祁连。犀渠玉剑良家子,白马金羁侠少年。平明偃月屯右地,薄暮鱼丽逐左贤。谷中石虎经衔箭,山上金人曾祭天。天涯一去无穷已,蓟门迢递三千里。朝见马岭黄沙合,夕望龙城阵云起。庭中奇树已堪攀,塞外征人殊未还。白雪初下天山外,浮云直向五原间。关山万里不可越,谁能坐对芳菲月。流水本自断人肠,坚冰旧来伤马骨。边庭节物与华异,冬霰秋霜春不歇。长风萧萧渡水来,归雁连连映天没。从军行,军行万里出龙庭,单于渭桥今已拜,将军何处觅功名。

这首诗的首句先交代了战争的起因和地点,"犀曲玉剑良家子,白马金羁侠少年"则是写百姓家的年轻男子积极参军,对于保卫国家和击退匈奴充满了信心,从这里也侧面反映了百姓生活水平很高。"平明偃月屯右地,薄暮鱼丽逐左贤"则是从正面反映了国家富饶,君主追求有贤才的能人。这句话也为后面战士在恶劣环境下仍具雄心壮志,击退匈奴埋下了伏笔。

从第四句开始,写了征程坎坷,战争激烈,环境恶劣,到最后"从军行,军行万里出龙庭"打了胜仗,班师回朝。他从秋天"庭中奇树已堪

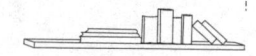

攀",写到了"白雪初下天山外",又至"坚冰旧来伤马骨",最后又临春天。按照季节的转变描写了战争时间之长,与征人在外思念家乡之情。《易水歌》中"风萧萧兮易水寒,壮士一去兮不复返"在此诗中被引用。"长风萧萧渡水来,归雁连连映天没",这里有"风萧萧"的悲壮,也有思归的念乡之情,形成了对比之势。最后一句"单于渭桥今已拜,将军何处觅功名"写了匈奴已退,将军还能去哪里寻觅建功立业的机会,实现人生价值?从另一侧面反映了人民安康幸福的生活。

唐代是我国边塞诗发展的黄金期,这一时期涌现了一大批边塞诗作家,共同为诗歌的盛世打下了基础。我们先来看看张说的名诗《幽州夜饮》。《新唐书·张说传》记载:开元(713—741)初,张说为中书令,因与姚元崇不和,罢为相州刺史、河北道按察使,坐累徙岳州。后以右羽林将军检校幽州都督。都督府设在幽州范阳郡,即今河北蓟县。此诗就是他在幽州都督府所作。诗中描写了边城夜宴的情景,颇具凄婉悲壮之情,也委婉地流露出诗人对遣赴边地的不满。诗歌在语言上遒健质朴,写景之语,并无华丽之辞,与边塞情调极为相称。遣词用字也十分精当,例如"吹"、"动"、"宜"、"重"这些字,看似一任自然,实际经过认真锤炼,用得恰到好处,对写景、抒情起了很好的作用。全诗如下:

张说画像

凉风吹夜雨,萧瑟动寒林。正有高堂宴,能忘迟暮心?军中宜剑舞,塞上重笳音。不作边城将,谁知恩遇深!

全诗以"夜饮"二字为中心,紧扣题目。开始二句描写"夜饮"环境,渲染气氛。"凉风吹夜雨,萧瑟动寒林"。正值秋深风凉之时,在幽州边城的夜晚，风雨交加，吹动树林，只听见一片凄凉动人的萧瑟之声。这一切，形象地描绘出了边地之夜的荒寒景象。第二句还暗用了宋玉《九辩》中的诗意："悲哉秋之为气也，萧瑟兮草木摇落而变衰！"益发渲染了诗句中悲伤的色彩。在这样的环境中，诗人悲愁的心绪，已经见于言外。而这"夜饮"，就是为了要驱走这恶劣环境带来的悲苦，宴会还没有开始，从着力渲染、暗示中，已经给"夜饮"罩上了一层愁苦的阴影。

第二联紧接一、二句，进入"夜饮"，抒发了诗人的感叹："正有高堂宴，能忘迟暮心？""正"字接转巧妙，紧承首联对环境的描写，同时也自然地转入宴会。诗人说：正是在这风雨寒冷的夜晚，我们在高敞的厅堂中摆开了夜饮的筵宴，但在这样的环境中，我又岂能忘却自己的衰老和内心的悲伤呢？"能忘"句以问句出之，将诗人内心的郁勃之气曲折地表露了出来。这种迟暮衰老之感，在边地竟是那样强烈，挥之不去，即使是面对这样的"夜饮"，也排遣不开。诗歌化用了屈原《离骚》句意："惟草木之零落兮，恐美人之迟暮。"将诗人心意表达得更加婉曲、深沉。第三联，随着宴会开始，并逐渐进入高潮的时候，诗人的情绪也随之兴奋起来，诗情也有了亮色："军中宜剑舞，塞上重笳音。"在都督府的宴会之间，军士们舞起剑来，那矫健刚劲的舞姿，慷慨雄伟的气魄，令诗人为之感奋。《史记·项羽本纪》中项庄说："军中无以为乐，请以剑舞。"舞剑是为了助兴，增加席间的欢乐气氛。一个"宜"字，传出诗人对剑舞的欣赏。但接着吹奏起胡笳时，那呜呜的声音，使席间短暂的欢乐顿然消失，而充溢着一片悲凉的情调，诗人的心情也随之沉重起来，塞上本来就多悲凉之意，与诗人的远戍之苦、迟暮之感，融合在一起，成为心灵上的沉重的负担，诗情在稍稍有了亮色之后，又忽然黯淡起来。这一联在豪壮中寓悲凉，在跌宕起伏中展现出诗人难以平息的滚滚思潮，直至引出最后一联。

"不作边城将，谁知恩遇深！"这十个字铿锵有声，似乎将愁苦一扫而光，转而感激皇上派遣的深思，以在边城作将为乐、为荣。实际上这最后一联完全是愤激之语，他将对朝廷的满腹牢骚，隐藏在这看似感激而

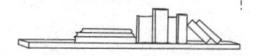

实含怨望的十字之中,像河水决堤般喷涌而出,表现了思想上的强烈愤慨和深沉的痛苦。清人姚范评论说此诗"托意深婉"(《唐宋诗举要》)。这一联的确措辞婉曲、托意遥深,可谓"得骚人之绪",寄寓着诗人悲愤的感慨,它与首联的悲苦的边塞荒寒之景,恰成对照,相得益彰。全诗以景起,以情结,首尾照应,耐人回味。

同时期诗人王翰有一曲《凉州词》,是咏边塞情景之名曲,更引起了无数人对边塞生活的反思,他写道:

葡萄美酒夜光杯,欲饮琵琶马上催。醉卧沙场君莫笑,古来征战几人回。

全诗写艰苦荒凉的边塞的一次盛宴,描摹了将士们开怀痛饮、尽情酣醉的场面。首句用语绚丽优美,音调悦耳,显出盛宴的豪华气派;用"欲饮"两字,进一步写热烈场面,酒宴加音乐,着意渲染气氛。三、四句极写征人互相斟酌劝饮,尽情尽致,乐而忘忧,豪放旷达。即使醉倒沙场,请诸君不要见笑;自古男儿出征,有几人活着归回?

王翰少时就聪颖过人,才智超群,举止豪放,不拘礼节。唐睿宗景云元年(710 年)中进士。张嘉贞任并州刺史时,十分赞赏王翰的才能,常以很好的礼遇相待,王翰则自作歌并舞之,气宇轩昂,气度不凡。他常与文人志士结交,杜甫诗中以"李邕求识面,王翰愿卜邻"之句赞叹王翰。

他的诗多豪放壮丽之句,可惜很多已散失,传世之作中最负盛名的是上面这首《凉州词》,作品流露出作者厌战的情绪,也表现了一种豪纵的意兴。

王之涣也作过一曲《凉州词》(《乐府诗集》题作《出塞》),也是一首唐代著名的边塞诗,其风格苍凉悲壮:

黄河远上白云间,一片孤城万仞山。羌笛何须怨杨柳[1],春风不度玉门关[2]。

注：[1] 杨柳：即《折杨柳》，词牌名，内容多抒写离别之情。古人有折柳送别的习俗，怨杨柳就是怨别。此为化用其意，以杨柳象征春光。

[2] 玉门关：在今甘肃敦煌县西，是通往西域的要道。

前二句写山川雄阔苍凉和戍守者处境之孤危。后二句以春风杨柳暗指征人归思。作者首先描绘了当时凉州一带的苍茫景象，继而以此为背景抒写闻笛后的感受，不但委婉含蓄，而且富含深意，感情强烈。有人则认为此诗写作真意不只是夸张边塞的荒寒，表现戍边将士的劳苦，而是托言春风之不度指斥皇上恩泽不及边塞（戍边之士兵）的社会现实，其批判与讽刺矛头直指封建皇帝。仔细品味，此说亦可成立，毕竟一千个读者就有一千个哈姆雷特。

唐代著名边塞诗人王昌龄，所作之诗气势雄浑，格调高昂。他将七绝推向高峰，故人称"七绝圣手"。其诗歌体裁很大一部分是易于入乐的七言绝句。内容基本上选用乐府旧题来抒写战士爱国立功和思念家乡的心情。他善于捕捉典型的情景，有着高度的概括和丰富的想象力。其诗歌语言圆润蕴藉，音调婉转和谐，意境深远，耐人寻味。他的许多描写边塞生活的七绝被推为边塞名作，《出塞》一诗则被后人推为唐人七绝的压卷之作。让我们来欣赏他的《从军行》的两首：

〔其四〕青海[1]长云暗雪山[2]，孤城[3]遥望玉门关[4]。黄沙百战穿[5]金甲[6]，不破楼兰[7]终不还。

〔其五〕大漠风尘日色昏，红旗半卷出辕门[8]。前军夜战洮河[9]北，已报生擒吐谷浑[10]。

注：[1] 青海：指青海湖。

[2] 雪山：这里指甘肃省的祁连山。

[3] 孤城：当是青海地区的一座城。

[4] 玉门关：汉武帝置，因西域输入玉石取道于此而得名。故址在今甘肃敦煌西北小方盘城。六朝时关址东移至今安西双塔堡附近。

[5] 穿：磨破。
[6] 金甲：战衣，金属制的铠甲。
[7] 楼兰：汉代西域国名，这里泛指当时骚扰西北边疆的敌人。
[8] 辕门：军营正门。
[9] 洮河：黄河支流。原于青海省、东北流经甘肃省临洮县，入黄河。
[10] 吐谷浑：古代中国西部少数民族名。此处借以指进犯少数民族的首领。

第四首写的是青海湖上空长云弥漫，湖的北面，横亘着绵延千里的隐隐的雪山；越过雪山，是矗立在河西走廊荒漠中的一座孤城；再往西，就是和孤城遥遥相对的军事要塞——玉门关。这幅集中了东西数千里广阔地域的长卷，就是当时西北戍边将士生活、战斗的典型环境。它是对整个西北边陲的一个鸟瞰，一个概括。第三、四两句由情景交融的环境描写转为直接抒情。

第五首诗描写的是奔赴前线的戍边将士听到前方部队首战告捷的消息时的欣喜心情，歌颂了他们奋勇杀敌、忘我报国的英雄主义精神。这首诗气魄宏大，热情洋溢，一扫边塞诗凄婉悲凉的一贯风格。

以写作边塞诗闻名的除了王昌龄以外，还有高适，世称"高常侍"。他的作品收录于《高常侍集》。高适与岑参并称"高岑"，其诗作笔力雄健，气势奔放，洋溢着盛唐时期所特有的奋发进取、蓬勃向上的时代精神。如高适的《蓟中①作》：

策马自沙漠，长驱登塞垣。边城何萧条，白日黄云昏。一到征战处，每愁胡虏翻。岂无安边书，诸将已承恩。惆怅孙吴事，归来独闭门。

诗一开篇，就以"沙漠"、"塞垣"这些塞外特有的景物，勾勒出一幅浩瀚伟岸的典型图画。接着以"策马"、"长驱"和"登"这三个动作，勾画出一个挥鞭驰骋、飞越大漠、慷慨激昂、勇赴国难的英雄形象。三、四

---

① 蓟中：指蓟城，在今北京大兴县西南。

句,则写诗人登上塞垣的所见:衰草遍地、寒风呼啸的荒凉景象;纵目远眺,只见"白日"昏暗,寒云苍茫,天地玄黄。五、六句既是由前面的叙事写景到下文议论抒情的转折,又是具体揭示前文"边城何萧条"的原因:征战不息,原来是"胡虏"的反叛造成的,并以一种强烈语气反诘:"岂无安边书?"以此对统治者进行了强烈的抨击,同时也表现出自己安边定远的高度自信心。诗歌叙事写景,形象逼真,衬托出壮烈的情怀。议论抒情,出言精警,意绪起伏捭阖,透射出诗人强烈的愤懑和不愿同流合污的凛凛风仪。

史料记载,天宝三、四年间(744—745),李白认识了高适。他们相从赋诗,又到汴州漫游,感情至深,甚至到了"醉眠秋共被,携手同日行"的程度。"安史之乱"爆发时,高适善于抓住机会,表现政治才能——辅佐哥舒翰镇守潼关。潼关失陷后,高适奔赴正在向西行的玄宗,陈述败亡的前因后果。玄宗以诸王分镇,高适看出内乱隐患,直言极谏,引起了肃宗的注意。永王李璘起兵叛乱,肃宗立召高适问策。他对江淮局势早已了然于心,断言永王必败。后被擢升淮南节度使。高适又一次抓住了时机,由文人而为戎帅,负起讨伐李璘、平定江淮的重任。

"安史之乱"爆发后,李白在浔阳狱中写诗给高适,想请求高适相救出狱。高适对身陷囹圄的老友李白不予援手,在今人看来未免冷漠,但也从另一面表现了高适的冷静与理性。置身于王室父子、兄弟争权的复杂政治格局中,一步走错,不仅建功立业抱负成空,还可能招致灭顶之灾。"安史之乱"使得李白与高适由密友转为政敌。

高适由一个默默无闻的文士而两任节度使,但辉煌极其短暂,就是在他所谓"极达"的后期,也不断招致谗毁和冷遇。君王的求贤并不像标榜的那样迫切。尤其是通过不寻常途径发现的才士,往往新鲜几天就被冷落了,李白如此,高适也同样如此。

空有一腔热血,却无用武之地,使人直叹"士为知己者死"乎!读李白的边塞诗,总有一种这样的感慨。我们来读一下李白的《塞下曲》:

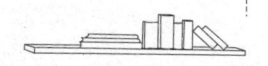

五月天山雪，无花只有寒。笛中闻折柳，春色未曾看。晓战随金鼓，宵眠抱玉鞍。愿将腰下剑，直为斩楼兰[1]。

注：[1] 斩楼兰：据《汉书·傅介子传》："汉代地处西域的楼兰国经常杀死汉朝使节，傅介子出使西域，楼兰王贪他所献金帛，被他诱至帐中杀死，遂持王首而还。"

李白所写的五月的塞下、天山，所见所感也就与内地迥然有别。天山孤拔，常年被积雪覆盖。这种内地与塞下在同一季节的景物上的巨大反差，被诗人敏锐地捕捉，"无花只有寒"的"寒"字，隐约透露出诗人心绪的波动，何况寒风之中又传来《折杨柳》的凄凉曲调呢！春天在边疆是看不到的，人们只能从笛曲之中去领受，去回味。在这里，诗人写"闻折柳"，也包含着一层苍凉寒苦的情调，他是借听笛来渲染烘托这种气氛的。"晓战随金鼓，宵眠抱玉鞍"，古代出征要敲击钲、鼓，用来节制士卒进退，五、六两句写的正是这种情况。语意转折，已由苍凉变为雄壮。诗人设想：自己来到边塞，就在天山脚下，整日过着紧张的战斗生活。白天在钲、鼓声中行军作战，晚上就抱着马鞍子打盹儿。这里，"晓战"与"宵眠"相对应，当是作者有意在概括军中一日的生活，其军情之紧张急迫，跃然纸上。尾联"愿将腰下剑，直为斩楼兰"，是借用傅介子慷慨复仇的故事，表现诗人甘愿赴身疆场，为国杀敌的雄心壮志。"直"与"愿"字呼应，语气斩截强烈，一派心声，喷涌而出，自有夺人心魄的艺术感召力。

稍晚于李白的岑参是唐代边塞诗最为杰出的作家，他诗歌的题材涉及述志、赠答、山水、行旅各方面，而以边塞诗写得最出色，"雄奇瑰丽"是其突出特点。岑参两度出塞，写了七十多首边塞诗，在盛唐时代，他写的边塞诗数量最多，成就最突出。他的《白雪歌送武判官归京》抒写塞外送别、雪中送客之情，却充满奇思异想，并不令人感到伤感。诗中所表现出来的浪漫理想和壮逸情怀使人觉得塞外风雪变成了可玩味欣赏的对象。全诗内涵丰富宽广,色彩瑰丽浪漫,气势浑然磅礴,意境鲜明独特,具有极强的艺术感染力,堪称盛世大唐边塞诗的压卷之作。

他的笔下,在大唐帝国的伟大力量面前任何敌人都不能成为真正的对手,所以他并不需要写士兵们的出色奋斗和艰苦牺牲,他要写的是战士们面前的另一种伟大的力量——严酷的自然环境。如《走马川行奉送出师西征》中,雪夜风吼、飞沙走石,这些边疆大漠中令人望而生畏的恶劣气候环境,在诗人印象中却成了衬托英雄气概的壮观景色,是一种值得欣赏的奇伟美景。如没有积极进取精神和克服困难的勇气,是很难产生这种感觉的,只有盛唐诗人,才能有此开阔胸襟和这种艺术感受。岑参以好奇的热情和瑰丽的色彩表现塞外之景。在立功边塞的慷慨豪情的支配下,将西北荒漠的奇异风光与风物人情,用慷慨豪迈的语调和奇特的艺术手法,生动地表现出来,别具一种奇伟壮丽之美。突破了以往征戍诗写边地苦寒和士卒劳苦的传统格局,极大地丰富并拓宽了边塞诗的描写题材和内容范围。如《碛[①]中作》:

走马西来欲到天,辞家见月两回圆。今夜不知何处宿,平沙莽莽绝人烟。

---

① 碛,指沙漠。

岑参两次出塞,对边塞生活有深刻的体会,对边疆风物怀有深厚的感情。这首《碛中作》,就写下了诗人在万里沙漠中勃发的诗情。诗人精心摄取了沙漠行军途中的一个剪影,向读者展示他戎马倥偬的动荡生活。诗于叙事写景中,巧妙地寄寓细微的心理活动,含而不露,蕴藉感人。诗以鲜明的形象造境写情,情与景契合无间,情深意远,含蕴丰富,令人读来别有神韵。

　　与岑参的豪放风格相比,王维的边塞诗则更多地表现了一种边塞唯美景致。名相张九龄被贬荆州后不久,西北边境便传来捷报:河西节度使崔希逸在与吐蕃作战中获胜。这年秋天,王维以监察御史的身份出使塞上,到凉州宣慰部队,到了凉州以后,王维没有马上回到长安,他被留在崔希逸的幕僚下担任节度判官,在凉州居住了一年多,在出塞的这段期间,他创作了一些比较有名的边塞诗,如《使至塞上》:

　　单车欲问边,属国过居延。征蓬出汉塞,归雁入胡天。大漠孤烟直,长河落日圆。萧关逢候骑,都护在燕然。

　　这是一首以写景见长的边塞诗。开元二十五年(737年),河西节度副大使崔希逸战胜吐蕃,唐玄宗命王维以监察御使身份出塞宣慰,察访军情,这实际是当权者有意将王维排挤出朝廷。此诗作于赴边途中。全诗气势流畅,"大漠"二句写景尤为壮丽,写出了在边塞所见的塞外奇特壮美风光,画面开阔,意境雄浑,被誉为"千古壮观"之名句。末两句说,途中得到消息,和吐蕃交战获得全胜,赞颂崔希逸破吐蕃的胜利。全诗通过景物描写,赞扬了塞外风光的壮美,也抒发出诗人内心的孤寂、抑郁的感情。

　　以写山水诗见长的王维,其边塞诗最著名的还属那曲当时人们就反复吟唱的《送元二①使安西②》:

---

① 元二:作者的友人。
② 安西:唐代安西都护府,在今新疆维吾尔自治区库车县。

渭城[1]朝雨浥[2]轻尘,客舍[3]青青柳色新。劝君更尽一杯酒,西出阳关[4]无故人。

注:[1] 渭城:秦置咸阳县,汉代改称渭城县(《汉书·地理志》),唐时属京兆府咸阳县辖区,在今陕西咸阳市东北,渭水北岸。
[2] 浥:润湿。
[3] 客舍:这里指为客人设宴送别的地方。
[4] 阳关:汉朝设置的边关名,故址在今甘肃省敦煌县西南,古代跟玉门关同是出塞必经的关口。《元和郡县志》云,因在玉门之南,故称阳关。

本诗为赠别而作,后有乐人谱曲,名为《阳关三叠》,又名《渭城曲》。题中王维这位姓元的友人奉命前往安西,王维在渭城送别。前两句分别写明送别时间、地点和氛围。清晨,渭城客舍,自东向西延伸,不见尽头的驿道,客舍周围,驿道两旁的柳树。而这一切,都是极平常的眼前景,读来却美不胜收。该诗抒情气氛浓郁,诗中的意象构成了一幅色调清新明朗的图景,为这场送别提供了典型的自然环境。三、四句是一个整体,朋友"西出阳关"虽是壮举,却免不了经历万里长途跋涉的艰辛与寂寞。因此,这临行之际"劝君更尽一杯酒",其中就浸透了诗人的全部情义。这里面不只有依依惜别的情谊,而且包含着对远行者的体贴。这首诗是我国诗歌史上脍炙人口的名篇。

与单纯的对边塞现象的描写不同的是,杜甫的边塞诗则多了一份质问,一份反思,如《前出塞》:

挽弓当挽强,用箭当用长。射人先射马,擒贼先擒王。杀人亦有限,立国自有疆。苟能制侵陵[1],岂在多杀伤。

注:[1] 侵陵:侵犯,侵略。

《前出塞》是写天宝末年哥舒翰征伐吐蕃的事情,意在讽刺唐玄宗

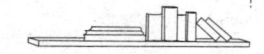

的开边黩武,本诗是《前出塞》的第六首,是其中较有名的一篇。诗的前四句,很像是当时军中流行的作战歌诀,颇富韵致,饶有理趣,深得议论要领。两个"当",两个"先",妙语连珠,开人胸臆,提出了作战步骤的关键所在,强调部伍要强悍,士气要高昂,对敌有方略,智勇须并用。四句如数家珍,宛若总结战斗经验。然而从整篇看,这些还不是作品的主旨所在,而只是下文的衬笔。后四句才道出赴边作战应有的终极目的。"杀人亦有限,列国自有疆。苟能制侵陵,岂在多杀伤?"诗人慷慨陈词,直抒胸臆,发出振聋发聩的呼声。他认为,拥强兵只为守边,赴边不为杀伐。不论是为制敌而"射马",不论是不得已而"杀伤",不论是拥强兵而"擒王",都应以"制侵陵"为限度,不能乱动干戈,更不应以黩武为能事,侵犯异邦。这种以战去战,以强兵制止侵略的思想,是恢宏正论,安边良策,它反映了国家的利益,人民的愿望。

许浑是晚唐最具影响力的诗人之一,七五律尤佳,后人拟之与诗圣杜甫齐名。他的《塞下曲》:

夜战桑乾北,秦兵半不归。朝来有乡信,犹自寄寒衣。

许浑的《塞下曲》是同题诗中最短小的一首。前两句仅用十个字描写了发生在桑乾河北的夜战。由于许浑生活在晚唐时代,唐帝国已走下坡路,边塞诗多染上了时代的感伤情绪。此诗基调是凄婉哀伤的。诗句用白描手法,纯粹是叙事,不发任何议论,而倾向性却从作者提炼出来的典型事件上,自然流露出来。该诗艺术风格自然、平淡、质朴。但平淡却不浅露,思想深刻,很耐人寻味,又能平中见奇,善作苦语,奇警动人。"朝来有乡信,犹自寄寒衣",令人不忍卒读,也不忍回味,悲剧的气氛很浓。

最后,值得注意的边塞诗是李贺的《雁门太守行》:

黑云压城城欲摧[1],甲光[2]向日金鳞[3]开。角[4]声满天秋色里,塞上燕脂[5]凝夜紫[6]。半卷红旗临[7]易水[8],霜重鼓寒[9]声不起。报君黄金台[10]上意,提携玉龙[11]为君死。

注:[1] 摧:毁坏。这句形容敌军兵临城下的紧张气氛和危机形势。
[2] 甲光:铠甲迎着太阳闪出的光。
[3] 金鳞:形容铠甲闪光如金色鱼鳞。
[4] 角:古代军中一种吹奏乐器,多用兽角制成,也是古代军中的号角。
[5] 燕脂:即胭脂,一种红色化妆品。这里指暮色中塞上泥土有如胭脂凝成。据说长城附近多半是紫色泥土。
[6] 塞土燕脂凝夜紫:夜色中塞上泥土有如胭脂凝成,浓艳得近似紫色。
[7] 临:抵达。
[8] 易水:河名,大清河上源支流,源出今河北省易县,向东南流入大清河。
[9] 霜重鼓寒:天寒霜降,战鼓声沉闷而不响亮。
[10] 黄金台:故址在今河北省易县东南,相传战国燕昭王所筑,置千金于台上,以招聘人才、招揽隐士。
[11] 玉龙:指一种珍贵的宝剑,这里代指剑。

诗人的语言极力避免平淡而追求峭奇。为了追求奇,他在事物的色彩和情态上着力,用浓辞丽藻大红大绿去表现紧张悲壮的战斗场面,构思新奇,形象丰富。全诗写了三个画面:一个白天,表现官军戒备森严;一个在黄昏前,表现刻苦练兵;一个在中夜,写官军出其不意地袭击敌人。首联写景又写事,渲染兵临城下的紧张气氛和危急形势。后句写守城将士严阵以待,借日光显示守军威武雄壮。颈联颔联分别从声色两方面渲染战场的悲壮气氛和战斗的残酷。颈联写部队黑夜行军和投入战斗。尾联引用典故写出将士誓死报效国家的决心。

李贺(790—816),字长吉,世称李长吉、鬼才、诗鬼等,与李白、李商隐并称唐代"三李"。李贺一生愁苦多病,仅做过三年从九品微官奉礼郎,因病27岁卒。李贺是中唐浪漫主义诗人的代表,也是中唐到晚唐诗风转变期的重要人物。

李贺诗受楚辞、古乐府、齐梁宫体、李杜、韩愈等多方面影响,经自己熔铸,形成独特的风格。李诗最大的特色,就是想象丰富奇特、语言瑰丽奇峭。上访天河、游月宫,下论古今、探鬼魅,他的想象神奇瑰丽、旖旎绚烂。他刻意锤炼语言,造语奇隽,凝练峭拔,色彩浓丽。他的笔下有许多精警、奇峭而有独创性的语言。如"羲和敲日玻璃声"(《秦王饮酒》)、"银浦流云学水声"(《天上谣》)、"玉轮轧露湿团光"(《梦天》)等匪夷所思的奇语,比比皆是。可以说,尚"奇"是李贺所处的时代、特别是他的良师益友韩愈所代表的"韩孟"诗派共同的追求。他也有不少明快易懂的作品,如《勉爱行》、《感讽五首》其一、《京城》、《嘲少年》等。与"诗仙"李白,"诗圣"杜甫,"诗豪"刘禹锡,"诗魔"白居易一样,李贺被后世称为"诗鬼"。

　　边塞诗是边塞生活的艺术反映,其思想内容极其丰富:可以抒发渴望建功立业、报效国家的豪情壮志;可以状写戍边将士的乡愁、家中思妇的别离之情;可以表现塞外戍边生活的单调艰辛、连年征战的残酷;可以宣泄对黩武开边的不满、对将军贪功启衅的怨情;可以惊叹描摹边地绝域的奇异风光和民风民俗。而诗中流露的也可能是矛盾的、复杂的情感:慷慨从军与久戍思乡的无奈;卫国激情与艰苦生活的冲突;献身为国与痛恨庸将无能的悲慨。

李贺塑像

　　因为边塞的生活是丰富多彩的,也是有喜有乐的。因而就造成边塞诗词题材十分广泛,内容异常丰富。因为每个朝代的不同时期或盛或衰,诗词中所表现出来的情调或高昂或低沉,而每个诗人前往边塞的原因不同,目的不同,所抒发出的感情也千差万别。

第四章

只愿君心似我心——爱情篇

在人类文明史上,爱情是一个永恒的主题,而表现这个主题最为精练的文学形式便是爱情诗。古往今来都不乏脍炙人口、感人肺腑的爱情诗歌精品。

中国古典爱情诗,含蓄、婉约、醉人。而朦胧中透着诱惑,透着美好。当然有时候也有闺怨,离愁别恨。今人读古人的情诗,感情的体验很深,好像自己身处在那场爱恨交织的时间网之中一样。

中国的第一部诗集《诗经》中的《国风》部分有许多民间情歌,生动地记载了古人在爱情领域里的生离死别、欢乐痛苦。其中有大胆热烈的爱恋,有缠绵婉转的相思,有撕肝裂肺的诀别。而在屈原的《湘夫人》中的爱情则明显具有浪漫主义的气质。《有所思》、《上邪》是汉代乐府民歌中的爱情名篇,前者写一位女子听到情郎有他心之后的情感波动;后者写女子呼天而誓,其情至死不移。从汉末古诗开始,经过曹丕、曹植等建安诗人,形成了这样一种特色:男士模拟女子的口吻,深入地揣摩、细腻地剖析女子的心理,代女子立言、抒情,不用奇异强烈的东西去刺激读者,而是营造一种气氛去感染读者。曹丕的《燕歌行》等作尤为突出。六朝时代,礼教衰微,人性解放,情诗的数量有所增加。潘岳的《悼亡诗》情真意切,朴实无华,对后世同类诗影响较大。南朝民歌多女子之歌,多相思之曲,其体裁多是五言四句。

唐朝中前期，国力鼎盛，政治开明，文禁宽松，思想活跃。文人情诗有了空前的繁荣。除了元稹、李商隐、韦庄等人的悼亡诗外，唐代爱情诗中还写到了征夫戍妇的相思、贾客商妇的离别、宫女的怨恨。李商隐的《无题》含有凄迷色彩，具有"雾失楼台，月迷津渡"式的朦胧美、怅惘美，意境扑朔迷离、幽微窈妙、缠绵悱恻。这种深婉含蓄的、充满悲剧气氛和感伤意绪的诗风是古典爱情诗的正格。

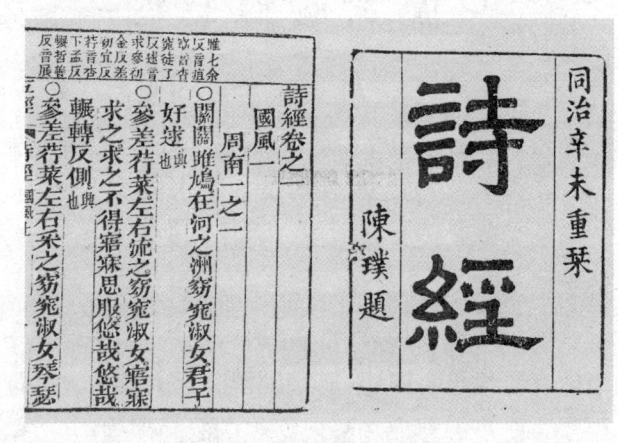

宋代爱情诗大为减少，这一方面是由于礼教的强化，另一方面是爱情诗从唐以后日渐转向长于描述情爱世界的词体。正如钱钟书先生所说："据唐宋两代的诗词看来，也许可以说，爱情，尤其是在封建礼教眼开眼闭的监视之下那种公然走私的爱情，从古体诗里差不多全部撤退到近体诗里，又从近体诗里大部分迁移到词里。"（钱钟书《宋诗选注·序》）元、明、清三代，情诗在诗歌中的比例更少，但也出现了一些新现象，如许多文人借民间诗歌体式来写爱情，夫妇之间互赠的情诗比以前增加等。

同治年间刻本《诗经》

《诗经》是我国最早的诗歌总集，收周代诗歌305首，分为"风"、"雅"、"颂"三大类。"风"包括十五国风，大多是民间歌谣。这首诗选自"国风"之"周南"，是男子追求女子的情歌，写一位男子对一位姑娘的思慕，以及他追求美满婚姻的愿望。"关雎"是《诗经》第一篇，取诗中第一句的一、三两个字合成篇名：

关关雎鸠,在河之洲。窈窕淑女,君子好逑。
参差荇菜,左右流之。窈窕淑女,寤寐求之。
求之不得,寤寐思服[1]。悠哉悠哉,辗转反侧。
参差荇菜,左右采之。窈窕淑女,琴瑟友之。
参差荇菜,左右芼之。窈窕淑女,钟鼓乐之。

注:[1] 思服:思念。

诗句的大意为:雎鸠在歌唱,在那河中小岛上。善良美丽的少女,小伙理想的对象。长长短短鲜荇菜,顺流两边去采收。善良美丽的少女,朝朝暮暮想追求。追求没能如心愿,日夜心头在挂牵。长夜漫漫不到头,翻来覆去难成眠。长长短短鲜荇菜,两手左右去采摘。善良美丽的少女,弹琴鼓瑟表爱慕。长长短短鲜荇菜,两边仔细来挑选。善良美丽的少女,钟声换来她笑颜。

诗中许多句子都蕴含着很深很美的含意,千古传颂的佳句有"窈窕淑女"句,既赞扬她的"美状",又赞扬她的"美心",可说是前后呼应,相辅相成。又如"辗转反侧"句,极为传神地表达了恋人的相思之苦,后来白居易《长恨歌》"孤灯极尽难成眠",乔吉《蟾宫曲·寄远》"饭不沾匙,睡如翻饼",都是从这里化出的名句。而最后一句"钟鼓乐之",更是"千金难买美人笑"之类的故事的原本。通过这不知姓名的作者的歌,我们完全被这朴实恋情和美丽如画的场景感动了。

又如《诗经》中的《伯①兮》:

伯兮揭[1]兮,邦之桀[2]兮。伯也执殳[3],为王前驱。
自伯之东,首如飞蓬。岂无膏沐?谁适为容!
其雨其雨,杲杲[4]出日。愿言[5]思伯,甘心首疾。

① 伯:女子对丈夫的称呼。

焉得谖草？言树之背。愿言思伯。使我心痗[6]。

注：[1] 朅：勇武。
　　[2] 桀：通"杰"，杰出的人。
　　[3] 殳：古代杖类兵器。
　　[4] 杲杲：日出明亮貌。
　　[5] 愿言：思念的样子。
　　[6] 痗：病。

《伯兮》描写思妇想念出外远征的丈夫，表达了无法忍受的强烈情感。全诗首先想象丈夫在外"为王前驱"的英武形象，这激起刻骨铭心的思念，让妻子连打扮也无心了。思念的深沉和强烈，有如久旱渴雨。而且，这种思念之强，简直叫人无法忍受，她干脆寄情在北堂下种植的忘忧草，来消解这种沉重的思念。一层深似一层，而又层层变换抒写的方式，正是《伯兮》的特点。

另外，《将①仲子》所表现的则是一位青年女子在各种舆论压力之下的畏惧、矛盾的心理：

将仲子兮，无逾我里[1]，无折我树杞。岂敢爱[2]之？畏我父母。仲可怀也，父母之言，亦可畏也。

将仲子兮，无逾我墙，无折我树桑。岂敢爱之？畏我诸兄。仲可怀也，诸兄之言，亦可畏也。

将仲子兮，无逾我园，无折我树檀。岂敢爱之？畏人之多言。仲可怀也，人之多言，亦可畏也。

注：[1] 里：宅院，院子。
　　[2] 爱：吝惜，痛惜。

---

① 将：请，愿。

全诗纯为内心独白式的情语构成,但由于女主人公的抒情,联系着自家住处的里园墙树展开,并用了向对方呼告、劝慰的口吻,使诗境带有絮絮对语的独特韵致。字面上只见女主人公的告求和疑惧,诗行中却历历可见"仲子"的神情音容:那试图窬墙来会的鲁莽,那被劝止引发的不快,以及唯恐惊动父母、兄弟、邻居的犹豫,连同女主人公既爱又怕的情态,俱可于诗中得之。我国古代诗论,特别推重诗的"情中景"、"景中情",《将仲子》所创造的,正是这种情中见景的高妙诗境。

再如,《击鼓》一诗共五章,前三章征人自述出征情景,承接绵密,已经如怨如慕,如泣如诉;后两章转到夫妻别时信誓,谁料到归期难望,信誓无凭,上下紧扣,词情激烈。写士卒长期征战之悲,无以复加:

> 击鼓其镗,踊跃用兵。土国城漕,我独南行。
> 从孙子仲,平陈与宋。不我以归,忧心有忡。
> 爰居爰处?爰丧其马?于以求之?于林之下。
> 死生契阔[1],与子成说[2]。执子之手,与子偕老。
> 于嗟阔兮,不我活兮。于嗟洵[3]兮,不我信兮。

注:[1]契阔:离散聚合。
　　[2]成说:预先约定的话。
　　[3]洵:远。

该诗大意为:敲鼓声音响镗镗,鼓舞士兵上战场。人留国内筑漕城,唯独我却奔南方。跟从将军孙子仲,要去调停陈和宋。长期不许我回家,使人愁苦心忡忡。安营扎寨有了家,系马不牢走失马。叫我何处去寻找?原来马在树林下。无论聚散与死活,我曾发誓对你说。拉着你手紧紧握,白头到老与你过。叹息与你久离别,再难与你来会面。叹息相隔太遥远,不能实现那誓约。

本诗描写兵士久戍不得回家的心情,表达渴望归家与亲人团聚的强烈愿望。诗从出征南行写起,再写了战后未归的痛苦,又写了当初与亲人执手别离相约的回忆,一直到最后发出强烈的控诉,次第写来,脉络分明,而情感依次递进。叙事中推进着情感的表达,抒情中又紧连着情节的发展,相得益彰,而自然天成。"死生契阔,与子成说。执子之手,与子偕老。"这一句已成为中国人爱情的"圣言",影响着无数人的爱情观。

《诗经》中还有许多描写爱情的诗篇,如:《郑风·溱洧》,这首诗写的是郑国阴历三月上旬巳日男女聚会之事。阳春三月,大地回暖,艳阳高照,鲜花遍地,众多男女齐集溱水、洧水岸边临水被禊,祈求美满婚姻。一对情侣手持香草,穿行在熙熙攘攘的人群中,感受着春天的气息,享受着爱情的甜蜜。他们边走边相互调笑,并互赠芍药以定情。再如:《秦风兼葭》,"兼葭苍苍,白露为霜,所谓伊人,在水一方。溯洄从之,道阻且长。溯游从之,宛在水中央。"诗中写的是单相思,对于所爱的人,可望而不可即,几多愁苦,几多思念!思念妻子或丈夫的诗也是情深意切,于朴实的语言中透露出那种深厚缠绵的感情。《诗经》中也有不少是祝贺新婚女子的,如《桃夭》:"桃之夭夭,灼灼其华。之子于归,宜其室家。"这首诗轻快活泼,诗人热情地赞美新娘,并祝她婚后生活幸福。

宋人郭茂倩的《乐府诗集》中收入了《铙歌十八曲》,本为"建威扬德,劝士讽敌"的军乐,然而今传十八曲中内容庞杂,叙战阵、记祥瑞、表武功、写爱情者皆有。其中有首《有所思》:

有所思,乃在大海南。何用问遗君?双珠玳瑁簪,用玉绍缭之。
闻君有他心,拉杂摧烧之。摧烧之,当风扬其灰。

从今已往,勿复相思!相思与君绝!鸡鸣狗吠,兄嫂当知之。
妃呼狶!秋风肃肃晨风飔,东方须臾高知之。

本篇用第一人称,表现了一位女子在遭到爱情波折前后的复杂情绪。本诗以"双珠玳瑁簪"这一爱情信物为线索,通过"赠"与"毁"及毁后三个阶段,来表现主人公的爱与恨,决绝与不忍的感情波折,由大起大落到余波不竭。中间又以"摧烧之"、"相思与君绝"两个顶真句,作为爱憎感情递增与递减的关纽;再以"妃呼狶"的长叹,来连缀贯通昔与今、疑与断的意脉,从而构成了描写女子热恋、失恋、眷恋的心理三部曲。层次清晰而又错综,感情跌宕而有韵致。其次,这首诗通过典型的行动细节描写(选赠礼物的精心装饰,摧毁礼物的连贯动作)和景物的比兴烘托("鸡鸣狗吠"及末尾二句)来刻画人物的细微心理,也是相当成功的。

《上邪》是汉乐府民歌《铙歌十八曲》中的另一首情歌,是一位痴情女子对爱人的热烈表白,在艺术上很见匠心:

我欲与君相知,长命无绝衰。山无陵,江水为竭,冬雷震震,夏雨雪,天地合,乃敢与君绝!

诗的主人公在呼天为誓,直率地表示了"与君相知,长命无绝衰"的愿望之后,转而从"与君绝"的角度落墨,这比平铺更有情味。这就把主人公至死不渝的爱情强调得无以复加,以至于把"与君绝"的可能从根本上排除了。这种独特的抒情方式准确地表达了热恋中人特有的绝对化心理。深情奇想,确实是"短章之神品"。

魏文帝曹丕是三国时期著名的文学家、诗人,建安文学代表者之一。他的《燕歌行》是中国现存最早的文人七言诗;他的五言和乐府清绮动人;所著《典论·论文》在中国文学批评史上占有重要地位,是我国文学批评史上第一篇专题论文,所论的"文"是广义上的文章,也包括文学作品在内,涉及了文学批评中几个

曹丕塑像

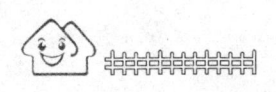

很重要的问题,虽不免有些粗略,但在文学批评史上起了开风气的作用。

《燕歌行》叙述了一位女子对丈夫的思念。笔致委婉,语言清丽,感情缠绵。这首诗突出的特点是写景与抒情的巧妙交融。诗歌的开头展示了一幅秋色图:秋风萧瑟、草木零落、白露为霜、候鸟南飞……这萧条的景色牵出思妇的怀人之情,映照出她内心的寂寞;最后几句以清冷的月色来渲染深闺的寂寞,以牵牛星与织女星的"限河梁"来表现思妇的哀怨,都获得了很好的艺术效果。全诗如下:

秋风萧瑟天气凉,草木摇落露为霜,群燕辞归雁南翔。念君客游思断肠,慊慊思归恋故乡,何为淹留寄他方?贱妾茕茕守空房,忧来思君不敢忘,不觉泪下沾衣裳。援琴鸣弦发清商,短歌微吟不能长。明月皎皎照我床,星汉西流夜未央。牵牛织女遥相望,尔独何辜限河梁?

这首诗仿柏梁体("柏梁体"又称"柏梁台体"、"柏梁台诗",一般古体诗只要求双句押韵,近体诗则多是首句入韵,隔句押韵,柏梁体诗每句七言,都押平声韵,全篇不换韵。它是七言诗的先河。据说汉武帝筑柏梁台,与群臣联句赋诗,句句用韵,所以这种诗称为柏梁体),句句用韵,实为叠韵歌行之祖,对后世七言歌行的创作有很大影响。

诗人沈约(441—513),字休文,吴兴武康(今浙江德清)人,和谢朓等开创了"永明体"(永明是南朝齐武帝的年号,"永明体"亦称"新体诗",这种诗体要求严格四声八病之说,强调声韵格律。这种诗体的出现,对于纠正晋宋以来文人诗的语言过于艰涩的弊病,使创作转向清新通畅起了一定的作用。对"近体诗"的形成产生了重大影响),归纳出比较完整的诗歌声律理论,促进了古体诗向近体诗的过渡,为五言律诗的正式形成开辟了通途,并影响到骈文,从而确立了他在齐梁文坛领袖的地位。诗文之外,沈约还工于书法,精研佛理,通晓史学,著作甚丰。在《六忆诗》(今存四首)中诗人将日常生活诗化,着意造成情感的涟漪。

〔其一〕忆来时，灼灼上阶墀。勤勤叙别离，慊慊道相思。相看常不足，相见乃忘饥。

〔其二〕忆坐时，点点罗帐前。或歌四五曲，或弄两三弦。笑时应无比，嗔时更可怜。

〔其三〕忆食时，临盘动容色。欲坐复羞坐，欲食复羞食。含哺如不饥，擎瓯似无力。

〔其四〕忆眠时，人眠强未眠。解罗不待劝，就枕更须牵。复恐傍人见，娇羞在烛前。

沈约《六忆诗》中，来、坐、食、眠，这每日生活中司空见惯、最为普通的内容，由于被情爱所润泽而带上了永不退色的绚丽光环。

诗中，诗人首先回忆自己在门外等待她、迎接她的情景："忆来时，灼灼上阶墀。"从台阶上走来的时候，她是那么光艳照人。其楚楚动人的形象至今仍那么鲜明地印在诗人的脑海中。见面后，有诉说不尽的离别相思。"勤勤叙别离，慊慊道相思"两句为互文（互文是这样一种形式：上下两句或一句中的两个部分，看似各说两件事，实则互相呼应，相互补充）。"勤勤"、"慊慊"共同修饰别离相思之苦。

这对曾经离别过的情人是这样的深情："相看常不足，相见乃忘饥。"因诚挚执著的爱而辗转反侧不能入睡，因百折千回的情而茶饭无心憔悴瘦损，并不是罕见的人事。特别是多情相爱者之间的凝视，有着摄魂夺魄的力量。眼睛能直接而深刻地表达恋者的内心，可以进行无声的交流。丰富的视觉可以为爱带来魅力、和谐和激情。这种眼光，是倾慕，是崇拜，是渴望，是感激，还是期待，真正难以言说。

当离情倾诉已毕，心情初定。这对情人又回到旧日曾经过惯的旖旎生活中去。罗帐前坐着的她，拨弦奏曲，曼声低唱，秀外慧中，具有动人的气韵。女子的笑容，仿佛锦缎上的鲜花、仿佛鲜花上晶莹的露珠，使其美更添几分妩媚。世界名画蒙娜丽莎的神秘微笑，作为美之谜，引发多少哲学家、艺术家的好奇心。"笑时应无比"，应该不是夸张之辞。《诗经》中早有"巧笑倩兮,美目盼兮"的妙句。恋人间的笑,意味着幸福、满足、欢快、和谐与健康。这音容笑貌,不能不使诗人流连吟唱。

　　诗人对食时、眠时的追忆,着重于一种"犹抱琵琶半遮面"的娇羞情状的复现。沈约是一位官僚兼宫廷诗人,他所接触的是生活于上流社会的女子。他们当时的审美趋向是以绰约娇弱为高。欲坐羞坐,欲食羞食;擎瓯就枕,文静委婉。浸润渗透出一种氤氲温馨、一种酡郁香醉。这的确是一种区别于热烈狂放之美的温柔。这种境界,读者可以在北宋婉约词人之宗周邦彦的艳情词中再度重温:"并刀如水,吴盐胜雪,纤手破新橙。锦幄初温,兽烟不断,相对坐调笙。低声问:向谁行宿? 城上已三更。马滑霜浓,不如休去,直是少人行。"(《少年游》)有趣的是,西方有句长期流传的古谚,说真正的美人是睡时也美的美人。沈约"人眠强未眠"之句,竟然同西方这种审美标准异曲同工。

　　总之,诗人就是这样柔声细语,采用联章体的形式、充满温情的追忆,一一叙叹自己对恋人的深切思念。联章体的形式,切合作者的思绪,将作者记忆中旧时岁月的琐碎片断串联成一组流注灵气的有机整体,仿佛一挂璀璨的珍珠项链熠熠发光,使被思念者的形象如在目前。

　　南朝梁萧统所编《文选》中收录了《古诗十九首》。其中一首《迢迢牵牛星》,本来没有题目,后人用诗的首句为题。这首诗描绘了一幅凄惨的爱情画面:

　　迢迢牵牛星,皎皎河汉女。纤纤擢素手,札札弄机杼。终日不成章,泣涕零如雨。河汉清且浅,相去复几许? 盈盈一水间,脉脉不得语。

　　遥远的牵牛星,明亮的织女星。(织女)伸出细长而白皙的手,摆弄着织机(织着布),发出札札的织布声。一整天也没织成一段布,哭泣的眼泪如同下雨般零落。这银河看起来又清又浅,两岸相隔又有多远呢? 虽然只隔一条清澈的河流,但他们只能含情凝视,却无法用语言交谈。

　　这首诗一共十句,其中六句都用了叠音词,即"迢迢"、"皎皎"、"纤纤"、"盈盈"、"脉脉"。这些叠音词使这首诗质朴、清丽,情趣盎然。特别是后两句,一个饱含离愁的少妇形象若现于纸上,意蕴深沉风格浑成,是极难得的佳句。

《懊侬歌》是首南北朝民歌,反映了封建社会中男女地位的不平等:男方遗弃女方,往往不会受到应有的制裁,女方则得不到合理的保障。在这种可悲的处境中,女方只能在主观上希冀对方永不变心,但是事实往往是残忍的:

我与欢相怜,约誓底言者?常叹负情人,郎今果成诈。

《西洲曲》是南朝乐府民歌中最长的抒情诗篇。诗中描写了一位少女从初春到深秋,从现实到梦境,对钟爱之人的苦苦思念,洋溢着浓厚的生活气息和鲜明的感情色彩:

忆梅下西洲,折梅寄江北。单衫杏子红,双鬓鸦雏色。西洲在何处?西桨桥头渡。日暮伯劳飞,风吹乌臼树。树下即门前,门中露翠钿。开门郎不至,出门采红莲。采莲南塘秋,莲花过人头。低头弄莲子,莲子清如水。置莲怀袖中,莲心彻底红。忆郎郎不至,仰首望飞鸿。鸿飞满西洲,望郎上青楼。楼高望不见,尽日栏杆头。栏杆十二曲,垂手明如玉。卷帘天自高,海水摇空绿。海水梦悠悠,君愁我亦愁。南风知我意,吹梦到西洲。

此诗具体在何时产生,又出自何人之手,千百年来谁也没有足够的证据来说明。然而从内容、修饰和风格看,它应当是经过文人润色改定的一首南朝乐府民歌。它用词精炼,流畅,广为后人传诵。《西洲曲》的艺术魅力自不容置疑。但与一般南朝乐府民歌不同的是,《西洲曲》极为难解,研究者甚至称之为南朝文学研究的"哥德巴赫猜想"。《西洲曲》的语言一如民歌的清新质朴而少用事典,所以其难解并不在字词的生僻、晦涩，而是整首诗的诗意难以得到一个贯通全篇的畅达的解释。之所以如此，乃是因为诗歌所涉时间、地点、人物、情节等，都有幽暗不明之处，难以有一个一致的解释。

情诗到了唐代以后，文人味明显加重了，很多诗读来让人觉得无病呻吟，缺乏真正的感情，当然也有很多精品，比如王昌龄的《闺怨》：

闺中少妇不知愁，春日凝妆上翠楼。忽见陌头杨柳色，悔教夫婿觅封侯。

诗的首句，与题意相反，写她"不知愁"：天真烂漫，富有幻想；二句写她登楼赏春：带有幼稚无知，成熟稍晚的憨态；三句急转，写忽见柳色而勾起情思：柳树又绿，夫君未归，时光流逝，春情易失；四句写她的省悟：悔恨当初怂恿"夫婿觅封侯"的过错。唐代前期，民族战争和对外战争频繁，大丈夫从军戍边，保家卫国成为一种风尚。因此，从军就成为人们当时"觅封侯"的一条重要途径。在这种风气的影响下，我们可以想象到，当时这位闺中少妇，一定对夫君远行求取功名起过积极的促进作用！否则不会有诗中的"悔教"一语。夫君既是在她的支持下参军，故她的思念和愁绪或许还夹杂着几分希冀。平日这种情感只是淡淡的，像晴空中的几朵浮云，不易察觉，故曰"不知愁"。

王昌龄善于用七绝细腻而含蓄地描写宫闺女子的心理状态及其微妙变化。这首闺怨诗描写了上流贵妇赏春时的心理变化。诗无刻意写怨愁，但怨之深、愁之重，已裸露无余。

佛说人有八苦，其中一苦就是"爱离别"。在即将离别的时刻，我们就像明月一样默默无言。此时万籁俱寂，月光撒满了大地，我们的内心就像月光一样充满着柔情。离别后，我就像月光普照天南地北一样，对你的思念之情也追踪到任何一个地方——不管是天涯海角还是海陲边塞。诗从月光下离人的依依惜别，到月光下闺女的独自相思，从头至尾都将人、月合写，以人喻月，以月形人，写得十分有情味，又别致。这就是李冶的《明月夜留别》所写的情景：

离人无语月无声，明月有光人有情。别后相思人似月，云间水上到层城。

李冶容貌俊美，天赋极高，从小就显露诗才。她六岁那年，曾写下一首咏蔷薇诗："经时未架却，心绪乱纵横。""架却"谐音"嫁却"。她父亲认为此诗不祥：小小年纪就知道待嫁女子心绪乱，长大后恐为失行妇人。而这也不幸被他父亲言中。长大后出家为女道士的她依然神情潇洒，专心翰墨，生性浪漫，爱作雅谑。加之她又善弹琴，尤工格律，当时超然物外的知名作家陆羽和释皎然均同她意甚相得，著名诗人刘长卿也与她有密切联系。她还与朱放、韩揆、阎伯钧、萧叔子等人情意非常投合。她的《寄朱放》、《送阎二十六赴剡县》等诗一扫之前女性作家的羞涩之态，坦然于男女社交，在其后千年的历史上都是罕见的。

唐代情诗中意境最高、格调最远的当属崔护的小诗《题都城南庄》：

去年今日此门中，人面桃花相映红。人面不知何处去，桃花依旧笑春风。

这首诗设置了两个场景，"寻春遇艳"与"重寻不遇"，虽然场景相同，却是物是人非。开头两句追忆去年今日的情景，先点出时间和地点，接着描写佳人，以"桃花"的红艳烘托"人面"之美；结尾两句写今年今日此时，与去年今天有同有异，有续有断，桃花依旧，人面不见。两个场景的映照，曲折地表达出诗人的无限怅惘之情。此诗脍炙人口，尤其以"人面不知何处去，桃花依旧笑春风"二句流传甚广。

才子佳人故事，在文学史上总是演绎不尽。薛涛与元稹一见钟情，当时薛涛已38岁，而元稹小薛涛11岁。元稹9岁能文，16岁明经及第，24岁授秘书省校书郎，28岁举制科对策第一，官拜左拾遗。是中唐时期与白居易齐名的诗人,世称"元白"。当时薛涛在诗坛已有盛名,令元稹十分仰慕,只恨无缘一面。直到元和四年(809年)元稹任监察御史,才有机会托人引见,与薛涛相识。38岁的薛涛,成熟且有魅力,才情俱备,年长色未衰,吸引了亡妻的元稹。二人一见如故,相见恨晚,共同赋诗吟词,好不惬意。此时薛涛对迎来送往的诗妓生涯早已厌倦,见到元稹,即有托身相许之意。她还作过一首诗《池上双鸟》:"双栖绿池上,朝暮共飞还;更忙将趋日,同心莲叶间。"表达了她追求真情挚爱、愿与元稹双宿双飞的愿望。然而此一段缠绵缱绻的情感,却因数月后元稹离蜀返京,从此天涯两分。薛涛在《赠远》诗中是这样描绘的:"知君未转秦关骑,日照千门掩袖啼。闺阁不知戎马事,月高还上望夫楼。"大约两人分手之际,元稹曾答应了却公事之后,会再来成都与薛涛团聚。但世事难测,实际情形并不如约定的那样,元稹后来仕途坎坷,官无定所。在后来频繁的调动之中,原本比薛涛年轻的元稹,自然不能坚守爱情,加之唐代官吏与妓女交往并无禁令,元之移情别恋,也就在所难免。尽管分手之后,两人也还保持文墨往来,但在元稹一面,似乎只是应付,并非如当日之浓情蜜意了。薛涛只有远望长安,掩袖悲叹,像所有盼望丈夫归来的妻子,在月缺月圆的时候,登楼寄托一份怀旧的哀思。

薛涛塑像

就中国文学史而言,两人的故事也许算得上一段佳话;但从薛涛个人的角度来说,却是一幕遥远凄清的回忆。诗人薛涛,是一个在春天里空结着刻骨愁怨的女子。她的《春望词》意味深长:

花开不同赏,花落不同悲。欲问相思处,花开花落时。揽草结同心,将以遗知音。春愁正断绝,春鸟复哀吟。风花日将老,佳期犹渺渺。不结同心人,空结同心草。那堪花满枝,翻作两相思。玉箸垂朝镜,春风知不知。

这组《春望词》可谓寂寞愁绝、声声悲苦,诗歌的客体物象已被主体移情化,春天的一草一木全化成了诗人惨淡身世、悲愁心灵的折射。全诗看似极其简单,直抒情怀、明白如话地表达了孤独之感、失恋之悲,然而这是繁华之后的简约,是万弦俱寂后唯一的清音,是诗歌的至境。年华易逝,知音难求,薛涛的身世之感,何尝不是一代又一代人心口永远的痛?

而元稹为悼念亡妻韦丛所作的《离思》,是不是对薛涛的一种回答呢?经历过沧海之水的波澜壮阔,就不会再被别处的水所吸引;陶醉过巫山云雨的梦幻,别处的风景就不称之为云雨了。

曾经沧海难为水,除却巫山不是云。取次花丛懒回顾,半缘修道半缘君。

诗人运用"索物以托情"的比兴手法,以精警的词句,赞美了夫妻之间的恩爱,表达了对韦丛的忠贞与怀念之情。元稹这首绝句,抒情强烈,而且用笔极妙。前两句以极致的比喻写怀旧悼亡之情,"沧海"、"巫山",词意豪壮,有悲歌传响、江河奔腾之势。后面,"懒回顾"、"半缘君",顿使语势舒缓下来,转为曲婉深沉的抒情。张弛自如,变化有致,形成一种跌宕起伏的旋律。而就全诗情调而言,它言情而不庸俗,瑰丽而不浮艳,悲壮而不低沉,创造了唐人悼亡绝句中的致高境界。"曾经沧海"二句尤其为人称颂。如果韦丛能读到这首诗,我想她一定会流下幸福的眼泪。可惜元稹写给她的这首诗,她却不能读到,只有感动千百年来有幸读到读懂它的人了。

与元稹并称"元白"的白居易,于唐宪宗元和元年(806年)任周至(今属陕西)县尉。一日,与友人陈鸿、王质夫到马嵬驿附近的仙游寺游览,谈及李隆基与杨贵妃事。王质夫认为,像这样突出的事情,如无大手笔加工润色,就会随着时间的推移而消没。他鼓励白居易:"乐天深于诗,多于情者也,试为歌之,何如?"于是,陈鸿写了一篇传奇小说《长恨歌传》,白居易同时写下了《长恨歌》这首流传千古的爱情悲歌:

汉皇[1]重色思倾国[2],御宇[3]多年求不得。杨家有女初长成,养在深闺人未识。天生丽质难自弃,一朝选在君王侧[4]。回眸一笑百媚生,六宫粉黛[5]无颜色。春寒赐浴华清池[6],温泉水滑洗凝脂[7]。侍儿扶起娇无力,始是新承恩泽[8]时。云鬓花颜金步摇[9],芙蓉帐[10]暖度春宵。春宵苦短日高起,从此君王不早朝。承欢侍宴无闲暇,春从春游夜专夜。后宫佳丽三千人,三千宠爱在一身。金屋[11]妆成娇侍夜,玉楼宴罢醉和春。姊妹弟兄皆列士[12],可怜光采生门户。遂令天下父母心,不重生男重生女[13]。骊宫[14]高处入青云,仙乐风飘处处闻。缓歌慢舞凝丝竹[15],尽日君王看不足。渔阳[16]鼙鼓[17]动地来,惊破霓裳羽衣曲[18]。九重城阙[19]烟尘生[20],千乘万骑西南行[21]。翠华摇摇行复止,西出都门百余里。六军不发无奈何,宛转蛾眉马前死[22]。花钿[23]委地[24]无人收,翠翘[25]金雀玉搔头[26]。君王掩面救不得,回看血泪相和流。黄埃散漫风萧索,云栈[27]萦纡登剑阁[28]。峨嵋山下少人行,旌旗无光日色薄。蜀江水碧蜀山青,圣主朝朝暮暮情。行宫[29]见月伤心色,夜雨闻铃断肠声[30]。天旋地转[31]回龙驭[32],至此踌躇不能去。马嵬坡下泥土中,不见玉颜空死处[33]。君臣相顾尽沾衣,东望都门信马[34]归。归来池苑皆依旧,太液[35]芙蓉未央[36]柳。芙蓉如面柳如眉,对此如何不泪垂。春风桃李花开日,秋雨梧桐叶落时。西宫南内[37]多秋草,落叶满阶红不扫。梨园弟子[38]白发新,椒房[39]阿监[40]青娥[41]老。夕殿萤飞思悄然,孤灯挑尽[42]未成眠。迟迟[43]钟鼓初长夜,耿耿[44]星河欲曙天。鸳鸯瓦[45]冷霜华重,翡翠衾[46]寒谁与共。悠悠生死别经年,魂魄不曾来入梦。临邛道士鸿都客[47],能以精诚致魂魄[48]。为感君王辗转思,遂教方士[49]殷勤觅。排空驭气[50]奔如电,升天入地求之遍。上穷碧落[51]下黄泉[52],两处茫茫皆不见。忽闻海上有仙山,山在虚无缥缈间。楼阁玲珑[53]五云[54]起,其中绰约[55]多仙子。中有一人字太真,雪肤花貌参差[56]是。金阙[57]西厢叩玉扃[58],转教小玉报双成[59]。闻道汉家天子使,九华帐[60]里梦魂惊。揽衣推枕起徘徊,珠箔银屏迤逦开。云鬓半偏新睡觉,花冠不整下堂来。风吹仙袂飘飘举,犹似霓裳羽衣舞。玉容寂寞[61]泪阑干[62],梨花一枝春带雨。含情凝睇谢君王,一别音容两渺茫。昭阳殿[63]里恩爱绝,蓬莱宫[64]中日月长。回头下望人寰[65]处,不见长安见尘雾。唯将旧物[66]表深情,钿合金钗寄将去[67]。钗留一股合一扇,钗擘[68]黄金合分钿[69]。但教心似金钿坚,天上人间会相见。临别殷勤重寄词,词中有誓两心知。七月七日长生殿[70],夜半无人私语时。在天愿作比翼鸟[71],在地愿为连理枝[72]。天长地久有时尽,此恨绵绵无绝期。

注:[1] 汉皇:原指汉武帝。此处借指唐玄宗李隆基。唐人文学创作常以汉称唐。

[2] 倾国:绝色女子。汉代李延年对汉武帝唱了一首歌:"北方有佳人,绝世而独立,一顾倾人城,再顾倾人国,宁不知倾城与倾国,佳人难再得。"后来,"倾国倾城"就成为美女的代称。

[3] 御宇:驾御宇内,即统治天下。汉贾谊《过秦论》:"振长策而御宇内。"

[4] 杨家四句:蜀州司户杨玄琰,有女杨玉环,自幼由叔父杨玄珪抚养,17岁被册封为玄宗之子寿王李瑁之妃。后被唐玄宗看中,22岁时,玄宗命其出宫为道士,道号太真。27岁被玄宗册封为贵妃。白居易此谓"养在深闺人未识",是作者有意为帝王避讳的说法。

[5] 六宫粉黛:指宫中所有嫔妃。

[6] 华清池:即华清池温泉,在今陕西省临潼县南的骊山下。唐贞观十八年(644年)建汤泉宫,咸亨二年(671年)改名温泉宫,天宝六年(747年)扩建后改名华清宫。唐玄宗每年冬、春季都到此居住。

[7] 凝脂:形容皮肤白嫩滋润,犹如凝固的脂肪。

[8] 新承恩泽:刚得到皇帝的宠幸。

[9] 金步摇:一种金首饰,用金银丝盘成花之形状,上面缀着垂珠之类,插于发鬓,走路时摇曳生姿。

[10] 芙蓉帐:绣着莲花的帐子。
[11] 金屋:据《太真外传》,杨玉环在华清宫的住所名端正楼。此言金屋,系用汉武帝"金屋藏娇"语意。
[12] 姊妹句:杨玉环被册封贵妃后,家族沾光受宠。她的大姐封韩国夫人,三姐封为虢国夫人,八姐封为秦国夫人,堂兄杨铦官鸿胪卿、杨锜官侍御史,堂兄杨钊赐名国忠,官右丞相。
[13] 不重生男重生女:陈鸿《长恨歌传》云,当时民谣有"生女勿悲酸,生男勿喜欢","男不封侯女作妃,看女却为门上楣"等。
[14] 骊宫:即华清宫,因在骊山下,故称。
[15] 凝丝竹:指弦乐器和管乐器伴奏出舒缓的旋律。
[16] 渔阳:郡名,辖今北京市平谷县和天津市的蓟县等地,当时属于平卢、范阳、河东三镇节度使安禄山的辖区。天宝十四载(755年)冬,安禄山在范阳起兵叛乱。
[17] 鼙鼓:古代骑兵用的小鼓,此借指战争。
[18] 霓裳羽衣曲:舞曲名,据说为唐开元年间西凉节度使杨敬述所献,经唐玄宗润色并制作歌词,改用此名。乐曲着意表现虚无缥缈的仙境和仙女形象。天宝后曲调失传。
[19] 九重城阙:九重门的京城,此指长安。
[20] 烟尘生:指发生战事。
[21] 千乘万骑西南行:天宝十五年(756年)六月,安禄山破潼关,逼近长安。玄宗带领杨贵妃等出延秋门向西南方向逃走。当时随行护卫并不多,"千乘万骑"是夸大之辞。
[22] 翠华四句:李隆基西奔至距长安百余里的马嵬驿(今陕西兴平),扈从禁卫军发难,不再前行,请诛杨国忠、杨玉环兄妹以平民怨。玄宗为保自身,只得照办。翠华:用翠鸟羽毛装饰的旗帜,皇帝仪仗队用。百余里:指到了距长安一百多里的马嵬坡。六军:泛指禁卫军。当护送唐玄宗的禁卫军行至马嵬坡时,不肯再走,先以谋反为由杀杨国忠,继而请求处死杨贵妃。宛转:形容美人临死前哀怨缠绵的样子。蛾眉:古代美女的代称,此指杨贵妃。
[23] 花钿:用金翠珠宝等制成的花朵形首饰。
[24] 委地:丢弃在地上。
[25] 翠翘:像翠鸟长尾一样的头饰。

[26] 玉搔头:玉簪。

[27] 云栈:高入云霄的栈道。

[28] 剑阁:又称剑门关,在今四川剑阁县北,是由秦入蜀的要道。此地群山如剑,峭壁中断处,两山对峙如门。诸葛亮相蜀时,凿石驾凌空栈道以通行。

[29] 行宫:皇帝离京出行在外的临时住所。

[30] 夜雨闻铃肠断声:《明皇杂录·补遗》:"明皇既幸蜀,西南行。初入斜谷,霖雨涉旬,于栈道雨中闻铃音与山相应。上既悼念贵妃,采其声为《雨霖铃曲》以寄恨焉。"这里暗指此事。

[31] 天旋地转:指时局好转。肃宗至德二年(757),郭子仪军收复长安。

[32] 回龙驭:皇帝的车驾归来。

[33] 不见玉颜空死处:不见杨贵妃,徒然见到她死去的地方。

[34] 信马:听任马往前走。

[35] 太液:汉宫中有太液池。

[36] 未央:汉有未央宫。此皆借指唐长安皇宫。

[37] 西宫南内:皇宫之内称为大内。西宫即西内太极宫,南内为兴庆宫。玄宗返京后,初居南内。上元元年(760年),权宦李辅国假借肃宗名义,胁迫玄宗迁往西内,并流贬玄宗亲信高力士、陈玄礼等人。

[38] 梨园弟子:指玄宗当年训练的乐工舞女。梨园:唐玄宗时宫中教习音乐的机构,曾选"坐部伎"三百人教练歌舞,随时应诏表演,号称"皇帝梨园弟子"。

[39] 椒房:后妃居住之所,因以花椒和泥抹墙,故称。

[40] 阿监:宫中的侍从女官。

[41] 青娥:年轻的宫女。

[42] 孤灯挑尽:古时用油灯照明,为使灯火明亮,过了一会儿就要把浸在油中的灯草往前挑一点。挑尽,说明夜已深。按,唐时宫廷夜间燃烛而不点油灯,此处旨在形容玄宗晚年生活环境的凄苦。

[43] 迟迟:迟缓。报更钟鼓声起止原有定时,这里用以形容玄宗长夜难眠时的心情。

[44] 耿耿:微明的样子。

[45] 鸳鸯瓦:屋顶上俯仰相对合在一起的瓦。

[46] 翡翠衾:布面绣有翡翠鸟的被子。

[47] 临邛道士鸿都客:意谓有个从临邛来长安的道士。临邛:今四川邛崃县。

鸿都:东汉都城洛阳的宫门名,这里借指长安。

[48] 致魂魄:招来杨贵妃的亡魂。

[49] 方士:有法术的人。这里指道士。

[50] 排空驭气:即腾云驾雾。

[51] 碧落:即天空。

[52] 黄泉:指地下。

[53] 玲珑:华美精巧。

[54] 五云:五彩云霞。

[55] 绰约:体态轻盈柔美。

[56] 参差:仿佛,差不多。

[57] 金阙:金碧辉煌的神仙宫阙。

[58] 玉扃:玉石做的门环。

[59] 转教小玉报双成:意谓仙府庭院重重,须经辗转通报。小玉:小玉吴王夫差女。双成:传说中西王母的侍女。这里皆借指杨贵妃在仙山的侍女。

[60] 九华帐:绣饰华美的帐子。九华:重重花饰的图案。

[61] 玉容寂寞:此指神色黯淡凄楚。

[62] 阑干:纵横交错的样子。这里形容泪痕满面。

[63] 昭阳殿:汉成帝宠妃赵飞燕的寝宫。此借指杨贵妃住过的宫殿。

[64] 蓬莱宫:传说中的海上仙山。这里指贵妃在仙山的居所。

[65] 人寰:人间。

[66] 旧物:指生前与玄宗定情的信物。

[67] 寄将去:托道士带回。

[68] 擘:分开。

[69] 合分钿:将钿盒上的图案分成两部分。

[70] 长生殿:在骊山华清宫内,天宝元年造。"七月"以下六句为作者虚拟之词。陈寅恪在《元白诗笺证稿·长恨歌》中云:"长生殿七夕私誓之为后来增饰之物语,并非当时真确之事实。""玄宗临幸温汤必在冬季、春初寒冷之时节。今详检两唐书玄宗无一次于夏日炎暑时幸骊山。"而所谓长生殿者,亦非华清宫之长生殿,而是长安皇宫寝殿之习称。如果真有这样的事,应发生在"飞霜殿",但此殿不符合爱情的长久与火热,故当改为长生殿。

[71] 比翼鸟:传说中的鸟名,据说只有一目一翼,雌雄并在一起才能飞。

[72] 连理枝:两棵树的枝干连在一起,叫连理。古人常用此二物比喻情侣相爱、永不分离。

《杨贵妃上马图》(局部)(宋·钱选)

本诗写唐明皇和杨贵妃的爱情故事,只开头一句以汉代唐,其他地名、人名都是实的。诗以喜剧开头而转成悲剧,虽然作者的立意是"欲惩尤物",却成了一首爱情的颂歌。这首叙事诗的最成功之处就是抒情,相当复杂的情节只用精炼的几句就交代过去,而着力在情的渲染,细致地写唐明皇与杨贵妃爱情的浓烈和贵妃死后双方的思念之情。其中有不少名句感人至深,千百年来一直为人传诵。诗中戏剧化和神话化的描写和浓郁的浪漫主义色彩,也是它具有很强的艺术魅力的原因。

在这首长篇叙事诗里,作者以精炼的语言,优美的形象,叙事和抒情结合的手法,叙述了唐玄宗、杨贵妃在安史之乱中的爱情悲剧:他们的爱情被自己酿成的叛乱断送了,他们也因此吃着这一精神的苦果。唐玄宗、杨贵妃都是历史上的人物,但诗人并不拘泥于历史,而是借着历史的一点影子,根据当时人们的传说,街坊的歌唱,从中蜕化出一个回旋曲折、宛转动人的故事,用回环往复、缠绵悱恻的艺术形式,描摹、歌咏出来。由于诗中的故事、人物都是艺术化的,是现实中人的复杂真实的再现,所以能够在历代读者的心中漾起阵阵涟漪。

当然了,我们发现很有意思的是,爱情是那难以言说也难以把握的东西,当它正处在朦胧状态,正处在有情无情之间时,也许是最令人心动之时。"东边日出西边雨,道是无晴(情)却有晴(情)",真是缥缈如梦。这就是刘禹锡的《竹枝词①》描写的爱情:

杨柳青青江水平,闻郎江上唱歌声。东边日出西边雨,道是无晴却有晴。

刘禹锡任夔州刺史时,依调填词,写了十来篇,这是其中一首模拟民间情歌的作品。它写的是一位沉浸在初恋中的少女的心情。她爱着一个人,可还没有确实知道对方的态度,因此既抱有希望,又含有疑虑:既欢喜,又担忧。诗人用她自己的口吻,将这种微妙复杂的心理成功地与以表达。

第一句写景,是她眼前所见。江边杨柳,垂拂青条;江中流水,平如镜面。这是很美好的环境。第二句写她耳中所闻。在这样动人情思的环境中,她忽然听到了江边传来的歌声。那是多么熟悉的声音啊!一飘到耳里,就知道是谁唱的了。第三、四句接写她听到这熟悉的歌声之后的心理活动。姑娘虽然早在心里爱上了这个小伙子,但对方还没有什么表示。今天,他从江边走了过来,而且边走边唱,似乎是对自己多少有些意思。这,给了她很大的安慰和鼓舞,因此她就想到:这个人啊,倒是有点像黄梅时节晴雨不定的天气,说它是晴天吧,西边还下着雨,说它是雨天吧,东边又还出着太阳,可真有点捉摸不定了。这里晴雨的"晴",是用来暗指感情的"情","道是无晴却有晴",也就是"道是无情却有情"。通过这两句极其形象又极其朴素的诗,她的迷惘,她的眷恋,她的忐忑不

---

① "竹枝词"为巴渝一带的民歌。刘禹锡任夔州刺史时,依照这种民歌写了十来首歌词,以本篇最有名。

安,她的希望和等待便都刻画出来了。

唐季之时,温庭筠与李商隐的情诗最是温婉绵长,最是痛彻心扉。温庭筠和鱼玄机的认识应当是机缘巧合。鱼玄机是晚唐著名的才女,她的父亲是个落魄秀才,因病过世后,鱼玄机母女生活无着落,只好帮着一些妓院洗衣谋生。温庭筠长得虽丑,却很风流,是个著名的浪子,喜欢在妓院里混。他就这么认识了鱼玄机。那一年,鱼玄机也不过11岁左右。温庭筠看鱼玄机聪明伶俐,就收她为弟子,教她写诗,也顺便照顾一下她们母女的生活。快60岁的时候,温庭筠得到一个做巡官的机会。他得离开长安,离开鱼玄机,到外地去了。在一起不觉得什么,离开了才觉得缺少什么,心里空落落的。鱼玄机觉得她爱上老师温庭筠了。于是连续修书,表白心迹。温庭筠虽然风流,但师生的界限他还是坚守了。该怎么拒绝鱼玄机呢?他想了好久,决定将少年才子李亿介绍给她。

李亿对她还不错,但是李亿老家的老婆见丈夫带着鱼玄机进门就不客气了,先是打,然后赶出家门。万般无奈,李亿将鱼玄机送进一座道观内,说三年后再来接她。她成了道姑,就是这个时候开始叫道号"玄机"的。三年的等待,是一场空。她开始改变自己,不再等什么男人。她成了艳丽女道士,不少男人成了她的入幕之宾,把个修行所变成了妓院。后来因为争风吃醋,一时失去理智,把情人的贴身丫环鞭打致死。这起命案很快被告到官府,声名狼藉的鱼玄机被判处死刑。那一年,鱼玄机才26岁。温庭筠在千里之外,听说自己的学生落得如此下场,痛心疾首。

我们来欣赏他的《杨柳枝》:

井底点灯深烛伊,共郎长行莫围棋。玲珑骰子安红豆,入骨相思知不知。

红豆又名相思子,而骰子多为骨制。以骰子安红豆来喻入骨相思,用寻常事物作比喻,设想机巧,别开生面。但读来不觉晦涩,反而觉得

"眉目清秀",饶有风趣。这种双关修辞手法,用得巧妙,别有情致,寓意深刻。此外"玲珑"两字,貌似形容骰子,却暗示了恋人的一颗"七巧玲珑心",而后句"知不知"三字,爽脆委婉,回环复问,带有听觉上的特殊冲击,也极富感染力。

李商隐家境十分清苦,年少父亲病逝,与母相依为命,其两个姐姐去世时也不过20岁左右。家庭的困苦,让他入山学道,寻求精神上的解脱,未料引出爱情上的挫折,精神更受打击。随后与柳枝姑娘的机缘错失,更令其不胜惋惜,对情更为伤感。上天总算眷顾,得以与王氏恩爱结合。但他十分清高,不愿沾岳父的光,生活清贫,只得走南闯北,养家糊口。生活上的艰辛,感情上的屡屡打击,让其对人间情感觉更加的迷惘与期盼,所以他的无题爱情诗,也就显得朦胧、缥缈。既令人感动,又令人无限向往,给人以无穷的遐想,这正是其《无题》爱情诗的可读之处:

相见时难别亦难,东风无力百花残。春蚕到死丝方尽,蜡炬成灰泪始干。晓镜但愁云鬓改,夜吟应觉月光寒。蓬山此去无多路,青鸟殷勤为探看。

这是诗人以"无题"为题目的许多诗歌中最有名的一首寄情诗。整首诗的内容围绕着第一句,尤其是"别亦难"三字展开。"东风"句点了时节,但更是对人的相思情状的比喻。因情感的缠绵悱恻,人就像凋谢的春花那样没了生气。三、四句是相互忠贞不渝、海誓山盟的写照。五、六句则分别描述两人因不能相见而惆怅、怨虑,倍感清冷以至衰颜的情状。唯一可以盼望的是七、八两句中的设想:但愿青鸟频频传递相思情。全诗有一种朦胧的美感,感染力比较强。

《锦瑟》是李商隐极负盛名的一首诗,也是最难索解的一首诗,诗家素有"一篇《锦瑟》解人难"的慨叹。

锦瑟无端五十弦，一弦一柱思华年。庄生晓梦迷蝴蝶，望帝春心托杜鹃。沧海月明珠有泪，蓝田日暖玉生烟。此情可待成追忆，只是当时已惘然。

关于这首诗，有人说是写给令狐楚家一个叫"锦瑟"的侍女的爱情诗；有人说是睹物思人，写给故去的妻子王氏的悼亡诗；也有人认为中间四句诗可与瑟的适、怨、清、和四种声情相合，从而推断为描写音乐的咏物诗；此外还有影射政治、自叙诗歌创作等多种说法。千百年来众说纷纭，莫衷一是，大体而言，以"悼亡"和"自伤"说者为多。诗取篇首二字为题，实际上等于是一首无题诗。

唐代有一首托名杜秋娘的《金缕衣》，其作者已无从考证。杜牧《杜秋娘诗序》说是唐时金陵女子，姓杜名秋，原为节度使李锜之妾，善唱《金缕衣》曲。后来入宫，为宪宗所宠。穆宗立，为皇子保姆。皇子被废，秋娘归故乡，穷老无依。旧时此名用来泛指年老色衰的女子：

劝君莫惜金缕衣，劝君惜取少年时。花开堪折直须折，莫待无花空折枝。

杜牧画像

此诗含意很单纯，可以用"莫负好时光"一言蔽之。这原是一种人所共有的思想感情。可是，它使得读者感到其情感虽单纯却强烈，能长久在人心中萦绕，有一种不可思议的魅力。它每个诗句似乎都在重复那单一的意思"莫负好时光！"而每句又都寓有微妙变化，重复而不单调，回环而有缓急，形成优美的旋律。"花开堪折直须折"，爱情也是不能等待的，等到所爱的人离自己远去空悲切的时候，再追忆也只是枉然了。

读陆游的爱情故事，总有一种让人唏嘘不已的悲凉感：陆游一生遭受了巨大的波折,他不但仕途坎坷,而且爱情生活也很不幸。宋高宗绍兴十四年(1144年),20岁的陆游和表妹唐婉结为夫妻。两人从小青梅竹马,婚后相敬如宾。然而,陆游的母亲不喜欢唐婉,以至最后发展到强迫陆游和她分离。陆游和唐婉的感情很深,不愿分离,他一次又一次地向母亲恳求,都遭到了母亲的责骂。陆游迫于母命,万般无奈,便与唐婉忍痛分离。后来,陆游依母亲的心意,另娶王氏为妻,唐婉也迫于父命嫁给同郡的赵士程。这一对年轻人的美满婚姻就这样被拆散了。

十年后的一个春天,陆游满怀忧郁的心情独自一人漫游山阴城沈家花园。正当他独坐独饮,借酒浇愁之时,突然他意外地看见了唐婉及其改嫁后的丈夫赵士程。尽管这时他已与唐婉分离多年,但是内心里对唐婉的感情并没有丝毫减弱。他想到,过去唐婉是自己的爱妻,而今已属他人,好像禁宫中的杨柳,可望而不可即。想到这里,悲痛之情顿时涌上心头,他放下酒杯,正要抽身离去。不料这时唐婉征得赵士程的同意,给他送来一杯酒,陆游看到唐婉这一举动,体会到了她的深情,两行热泪凄然而下,一仰头喝下了唐婉送来的这杯酒。然后在粉墙之上奋笔题下《钗头凤》词:"红酥手,黄藤酒,满城春色宫墙柳。东风恶,欢情薄,一怀愁绪,几年离索。错、错、错!春如旧,人空瘦,泪痕红浥鲛绡透。桃花落,闲池阁,山盟虽在,锦书难托。莫、莫、莫!"

陆游题完词之后,又深情地望了唐婉一眼,便怅然而去。陆游走后,唐婉孤零零地站在那里,将这首《钗头凤》从头至尾反复看了几遍,她再也控制不住自己的感情,便失声痛哭起来。回到家中,她愁怨难解,于是也和了一首《钗头凤》:"世情薄,人情恶,雨送黄昏花欲落。晓风干,泪痕残。欲笺心事,独语斜阑。难、难、难!人成各,今非昨,病魂常似秋千索。角声寒,夜阑珊。怕人寻问,咽泪装欢。瞒、瞒、瞒!"唐婉不久便郁郁而终。陆游得知唐婉的死讯,痛不欲生。为了抒发自己内心的隐痛,他后来曾多次来到沈园题词怀念唐婉。这两首《沈园》便是这份爱情的见证:

〔其一〕城上斜阳画角哀,沈园非复旧池台。伤心桥下春波绿,曾是惊鸿照影来。

〔其二〕梦断香销四十年,沈园柳老不吹绵。此身行作稽山土,犹吊遗踪一泫然。

这是一个75岁的老人对发生在四十多年前的一场爱情悲剧的惨痛回味。诗人旧地重游,感怀往事,和泪命笔,寄托哀思。

诗的开头以斜阳和彩绘的管乐器画角,把人带进了一种悲哀的世界情调中。他到沈园去寻找曾经留有芳踪的旧池台,但是连池台都不可辨认,要唤起对芳踪的回忆或幻觉,也成了不可再得的奢望。桥是伤心的桥,只有看到桥下绿水,才多少感到这次来的时节也是春天。因为这桥下水,曾经照见像曹植《洛神赋》中"翩若惊鸿"的凌波仙子的倩影。可以说这番沈园游的潜意识,是寻找青春幻觉,寻找到的是美的瞬间性。

承接着第一首"惊鸿照影"的幻觉,第二首追问着鸿影今何在。

"香销玉殒"是古代比喻美女死亡的雅词,唐琬离开人世已经四十余年了,寻梦,或寻找幻觉之举已成了生者与死者的精神对话。在生死对话中,诗人产生天荒地老、人也苍老的感觉,就连那些曾经点缀满城春色的沈园杨柳,也苍老得不再逢春开花飞絮了。美人早已"玉骨久成泉下土",未亡者这把老骨头,年过古稀,也即将化作会稽山(在今绍兴)的泥土,但是割不断的一线情思,使他神差鬼使地来到沈园寻找遗踪,泫然落泪。

宋代才女朱淑真的诗词多抒写个人爱情生活,早期笔调明快,文辞清婉,情致缠绵;后期则忧愁郁闷,颇多幽怨之音,流于感伤,后世人称之曰"红艳诗人"。作品艺术上成就颇高,后世常将她与李清照相提并论。

朱淑真,她的诗作受到市民的激赏,却在死后遭到父母的焚烧(据魏仲恭《断肠诗集序》)。她还是英年早逝的"问题美女作家"。她的

《恨春》诗：

一篆烟[1]消系臂[2]香，闲看书册就牙床[3]。莺声冉冉来深院，柳色阴阴暗画墙。眼底落红千万点，脸边新泪两三行。梨花细雨黄昏后，不是愁人也断肠。

注：[1] 一篆烟：意谓袅袅盘曲的香烟。
　　[2] 系臂：佩戴在手臂上的饰品。
　　[3] 牙床：饰以象牙的眠床或坐榻，亦泛指精美的床。

诗的前半部分娓娓叙来，似乎都是闲适的。后半却一转而为凄凉。原来，闲适不过是暂时的、表相的。她的内心，依然有无限愁绪堆积。眼前落花成阵，景极凄美，而落花是易于触动愁怀的。或许，她就是因落花而感叹遭际，以至脸上泪痕斑斑。黄昏时分，细雨潇潇，梨花飘落空庭，对此景致，就算本无愁绪也须断肠，更何况我这个"愁人"呢？作者不言愁人，偏说不愁人，更觉愁情之深重。

最后，我们注意到，很多的古代诗歌选本都没有将仓央嘉措的唯美情诗选入，实在遗憾。仓央嘉措是六世达赖喇嘛，西藏历史上颇受争议的著名人物。他身份尊贵，却有一颗不避世俗的心，向往自由、爱情、人世之乐。在佛的世界里，他敢于突破世俗。在人的世界里，他被称为"世间最美的情郎"，敢于追求真爱。在艺术的世界里，他是一朵奇葩，写了许多流传至今的诗句和情歌。比如他的《那一天》：

那一天，我闭目在经殿的香雾中，蓦然听见你颂经中的真言
那一月，我摇动所有的经筒，不为超度，只为触摸你的指尖
那一年，磕长头匍匐在山路，不为觐见，只为贴着你的温暖
那一世，转山转水转佛塔，不为修来世，只为途中与你相见
那一月，我轻轻过所有经筒，不为超度，只为触摸你的指纹

那一年，我磕长头拥抱尘埃，不为朝佛，只为贴着你的温暖
那一世，我细翻遍十万大山，不为修来世，只为路中能与你相遇
只是，就在那一夜，我忘却了所有，抛却了信仰，舍弃了轮回
只为，那曾在佛前哭泣的玫瑰，早已失去旧日的光泽

再如《见与不见》：

你见，或者不见我，我就在那里，不悲不喜
你念，或者不念我，情就在那里，不来不去
你爱，或者不爱我，爱就在那里，不增不减
你跟，或者不跟我，我的手就在你手里，不舍不弃
来我的怀里，或者，让我住进你的心里
默然，相爱
寂静，欢喜

  爱情没有模式，有欢乐也有痛苦，有清纯也有压抑。爱情的多种多样，使得诗人笔下的爱情诗也千姿百态。不管怎样，这些爱情诗都是诗人的观念、诗人的诉求、诗人的愿望、诗人的评价等等的反映。
  爱情因时代不同而异。不同的时代有不同的时代风貌和社会状况，爱情的情状和爱情的观念也因之千差万别。正是这种千差万别，给诗人提供了丰富无比的创作源泉，文学宝库也因此增添了许多闪光的爱情诗篇。这里所分析的爱情名诗，不仅在中国的文学史上有着广泛的代表性，而且在世界文学史上也有一定的影响力，有的爱情诗则是世代相传、家喻户晓的珍品。读者在欣赏这些爱情诗精妙的同时，还可以领略到原汁原味的古典情诗的语言魅力。

第五章

每逢佳节倍思亲——亲情篇

有亲便有念,有念便有思,有思则有诗。以诗为媒,以律为音,在历史长河中,源远流长。注重亲情是中华文化区别于他国文化的鲜明特征。纵观历史上的诗歌,点评经典亲情的诗,或激情澎湃,或温情荡漾,或悲情凄切。

亲情是人与人之间的天然情感,是一种骨肉之情。《吕氏春秋·精通篇》曰:"父母之于子也,子之于父母也,一体而两分,同气而异息,虽异处而相通,隐志相及,痛疾相救,忧思相感,生则相欢,死则相哀;此之谓骨肉之亲。"此外,在骨肉之情中还包括兄弟姊妹之间的情感,古人形象地称之为手足情。在中国古代文化(特别是儒家文化)中,在中国古代诗歌中,亲情占有着极为重要的地位。

亲情诗虽未立名,但它在中国古代诗歌中却是大量存在。始自《诗经》的亲情诗就以其高起点传承于后世。亲情诗的优良传统和表现体系,都值得认真总结,予以继承和发展。心与物的协调统一而心驰物外,是诗与境的浑然一体而意溢于诗,是情与诗的水乳交融而情漫于诗,是虚实有无的相济相生、相辅相成,是境,是诗,是情。

亲情诗最为重要的对象就是母爱,孟郊的《游子吟》,成为千古绝唱,感情真挚而又自然,勾起了无数儿女的情感共鸣。它还表现父母对儿女的真挚情感,如梅尧臣的《殇小女称称》悼念小女之死,感人肺腑,催人泪下。手足之情在亲情诗中也占有很大的比重，如王维的《九月九日忆山东兄弟》、杜甫的《月夜忆舍弟》、苏轼的《狱中寄子由》都是非常经典的传世佳作。思亲和怀乡在古代诗歌中通常是黏合在一起的。故乡，是一个神圣的字眼，深深的珍藏在每一位游子的心头。早在古代诗歌的上游，先民就开始深情唱起了思乡之曲："昔我往矣，杨柳依依，今我来思，雨雪霏霏。"(《诗经·小雅·采薇》)

首先让我们来欣赏宋之问的《渡汉江》一诗：

岭外音书断，经冬复历春。近乡情更怯，不敢问来人。

读这首诗往往会引起感情上的某种共鸣。其中一个重要的原因，是作者在表达思想感情时，已经舍去了一切与自己的特殊经历、特殊身份有关的生活素材，所表现的仅仅是一个长期客居异乡、久无家中音信的人，在行近家乡时所产生的一种特殊心理状态。而这种心理感情，却具有极大的典型性和普遍性。

宋之问(约656—712)，汾州(山西汾阳)人。人称宋学士，与沈佺期并称"沈宋"，律诗鼻祖。尤善五言诗。重视平仄、声律的协调，对偶句式的工整。为文赋诗，讲求比兴，属对精密，点划入微，完成了五七言律诗的定型，确立了律诗的形式，在声律方面有重要贡献。明确划开了古体诗和近体诗的界限。

贺知章画像

与《渡汉江》一样，贺知章的《回乡偶书》一诗写的则是久客异乡，返回故里的感怀。全诗抒发了山河依旧，人事不同，人生易老，世事沧桑的感慨。

少小离家老大回，乡音无改鬓毛衰。儿童相见不相识，笑问客从何处来。

一、二句，诗人置于熟悉而又陌生的故乡环境中，心情难于平静。首句写数十年久客他乡的事实，次句写自己的"老大"之态，暗寓乡情无限。三、四句虽写自己，却从儿童的感觉着笔，极富生活情趣。诗的感情自然、逼真，内容虽平淡，人情味却很浓。语言朴实无华，毫不雕琢，细品诗境，别有一番天地。全诗在有问无答中作结，哀婉备至，动人心弦，千百年来为人传诵。

亲情诗中感人肺腑的《九月九日忆山东兄弟①》是诗人王维身在异乡，重阳节之际思念家乡的亲人而写下的一首七言绝句。该诗以直抒思乡之情起笔，而后笔锋一转，将思绪拉向故乡的亲人，遥想亲人按重阳的风俗而登高时，也在想念诗人自己。诗意反复跳跃，含蓄深沉，既朴素自然，又曲折有致。诗中的"每逢佳节倍思亲"是千百年来广为流传的名句，打动了无数游子离人的思乡之心：

独在异乡为异客，每逢佳节倍思亲。遥知兄弟登高处，遍插茱萸少一人。

这首诗中，"独在异乡"，暗写了孤独寂寞的环境，对于初次离家的少年来说，对这种环境特别敏感。"异客"则更强调了游子在异乡举目无亲的生疏清冷的感受。用"独"和两个"异"字组在一句诗里，大大加深了主观感受的程度。第二句"每逢佳节倍思亲"是前面情绪的合理发展，说明平常已有思亲之苦，而到节日，这思念就愈加转深和增强了。"倍"字用得极妙，是联系上下两句情绪之间的关键。这两句构成

---

① 九月九日：指农历九月初九重阳节。民间很重视这个节日，在这一天有登高、插茱萸、饮菊花酒等习俗，传说能以此避灾。忆：想念。山东：指华山以东（今山西），王维的家乡就在这一带。

全诗的一个层次,是从抒发主人公自我的主观感受来表现思亲之情的。

唐代有一首母爱的颂歌,诗中亲切真淳地赞颂了伟大的人性美——母爱:

慈母手中线,游子身上衣。临行密密缝,意恐迟迟归。谁言寸草心,报得三春晖。

这就是孟郊的《游子吟》,诗的开头两句,所写的人是母与子,所写的物是线与衣,然而却点出了母子相依为命的骨肉之情。中间两句集中写慈母的动作和意态,表现了母亲对儿子的深笃之情。虽无言语,也无泪水,却充溢着纯粹的爱,扣人心弦,催人泪下。最后两句是前四句的升华,以通俗形象的比喻,寄托赤子炽烈的情怀。全诗无华丽的辞藻,亦无巧琢雕饰,于清新流畅、淳朴素淡的语言中,饱含着浓郁醇美的诗味,情真意切,千百年来拨动了无数读者的心弦,引起了万千游子的共鸣。

白居易也有一首脍炙人口,感情真切的"母亲赞歌"——《母别子》,该诗是《新乐府》五十首中的一首。写将军遗弃妻子,迫使母子别离时妻子说的话:"我们母子生离死别,连林中鸟儿都不如;那些鸟儿母亲不失儿女,丈夫陪伴妻子,过着恩恩爱爱、白头到老的生活。"凄婉哀怨,声泪俱下,比喻真切,意境独到。整首诗不仅将人间爱情变故写得入木三分,也将亲情的伟岸刻画的情真意切:

母别子,子别母,白日无光哭声苦。关西骠骑大将军,去年破房新策勋。敕赐金钱二百万,洛阳迎得如花人。新人迎来旧人弃,掌上莲花眼中刺。迎新弃旧未足悲,悲在君家留两儿。一始扶行一初坐,坐啼行哭牵人衣。以汝夫妇新燕婉,使我母子生别离。不如林中乌与鹊,母不失雏雄伴雌。应似园中桃李树,花落随风子在枝。新人新人听我语,洛阳无限红楼女。但愿将军重立功,更有新人胜于汝。

　　这是一首描写弃妇的哀怨,对喜新厌旧的"骠骑大将军"提出责难和进行控诉的诗,其主题类似汉乐府诗中的《上山采蘼芜》,而悲剧效果却要比后者甚。陈寅恪先生在《元白诗笺证稿》中说,白居易的这首诗"摹写生动,词语愤激",似是亲眼目睹了这件事,而描写于诗中的。诗中"以汝夫妇新燕婉,使我母子生别离。不如林中乌与鹊,母不失雏雄伴雌"几句用生动的比喻表达了一个母亲对儿子的爱。

　　白居易还有一首感情浓郁的抒情诗,约作于唐德宗贞元十五年(799年)秋天。其时诗人到符离(安徽省宿州市),曾有《乱后过流沟寺》诗,流沟寺即在符离。诗的题目特别长,叫《自河南经乱①、关内②阻饥,兄弟离散,各在一处。因望月有感,聊书所怀,寄上浮梁大兄③、於潜七兄④、乌江十五兄⑤,兼示符离⑥及下邽⑦弟妹》:

　　时难年荒世业空,弟兄羁旅各西东。田园寥落干戈后,骨肉流离道路中。吊影分为千里雁,辞根散作九秋蓬。共看明月应垂泪,一夜乡心五处同。

　　题中所言的"弟妹",可能和诗人自己均在符离,因此合起来就有五处。贞元十五年(799年)春,宣武节度使董晋死后部下叛乱,接着中、光、蔡等州节度使吴少诚又叛乱。唐朝廷分遣十六道兵马去攻打,战事

---

① 河南经乱:唐德宗贞元十五年,开封宣武节度使董晋死后,部下叛乱,接着汝南彰义军节度使吴少诚又叛乱,战争规模大,时间长,都在河南境内,白居易老家河南新郑,受到严重影响。
② 关内:关内道,辖今陕西大部及甘肃、宁夏、内蒙的部分地区。
③ 浮梁大兄:白居易的长兄幼文,贞元十四、五年间任饶州浮梁(今江西)主簿。
④ 於潜七兄:白居易叔父季康的长子,时为於潜(今浙江临安县)县尉。
⑤ 乌江十五兄:白居易的从兄逸,时任乌江(今安徽和县)主簿。
⑥ 符离:在今安徽省宿州市。白居易的父亲在彭城(今徐州)做官多年,就把家安置在符离。
⑦ 下邽:县名,治所在今陕西省渭南县。白氏祖居曾在此。

发生在河南境内。当时南方漕运主要经过河南输送关内。由于"河南经乱"使得"关内阻饥"。全诗意在写经乱之后,怀念诸位兄弟姊妹。全诗以白描的手法,采用平易的家常话语,抒写人们所共有而又不是人人俱能道出的真实情感。清刘熙载在《艺概》中说:"常语易,奇语难,此诗之初关也。奇语易,常语难,此诗之重关也。香山常得奇,此境良非易到。"白居易的这首诗不用典故,不事藻绘,语言浅白平实而又意蕴精深,情韵动人,堪称"用常得奇"的佳作。

与白居易同时代的柳宗元有这样一首诗,所抒发的并不单纯是兄弟之间的骨肉之情,同时还抒发了诗人因参加"永贞革新"而被贬窜南荒的愤懑愁苦之情:

零落[1]残魂倍黯然,双[2]垂别泪越江[3]边。一身去国[4]六千里[5],万死[6]投荒十二年。桂岭[7]瘴来云似墨,洞庭春尽水如天。欲知此后相思梦,长在荆门郢树烟。

注:[1] 零落:本指花、叶凋零飘落,此处用以自比遭贬漂泊。

[2] 双:指宗元和宗一。

[3] 越江:唐汝询《唐诗解》卷四十四:"越江,未详所指,疑即柳州诸江也。按柳州乃百越之地。"即粤江,这里指柳江。

[4] 去国:离开国都长安。

[5] 六千里:《通典·州郡十四》:"(柳州)去西京五千二百七十里。"极言贬所离京城之远。唐时从柳州到长安有4245里。

[6] 万死:指历经无数次艰难险阻。

[7] 桂岭:五岭之一,山多桂树,故名。

本诗名为《别舍弟宗一①》,诗的第二联,正是集中地表现作者长期郁结于心的愤懑与愁苦。从字面上看,"一身去国六千里,万死投荒

---

① 宗一:柳宗元从弟。

十二年",似乎只是对他的政治遭遇的客观实写,因为他被贬谪的地区离京城确有五六千里,时间确有十二年之久。实际上,在"万死"、"投荒"、"六千里"、"十二年"这些词语里,就已经包藏着诗人的抑郁不平之气,怨愤凄厉之情,只不过是意在言外,不露痕迹,让人"思而得之"罢了。柳宗元被贬的十二年,死的机会确实不少,在永州就曾四次遭火灾,差一点被烧死。诗人用"万死"这样的夸张词语,无非是要渲染自己的处境,表明他一心为国,却被长期流放到如此偏僻的"蛮荒"之地,这是非常不公平、非常令人愤慨的。此诗是伤别并自伤之作,深得后世诗评家称赏。

亲情诗中有很大一部分是写悼念亲人的作品,梅尧臣为其亡女称称所作的《戊子三月二十一日殇小女称称》让人读后无不惋惜:

蓓蕾树上花,莹洁昔婴女。春风不长久,吹落便归土。娇爱命亦然,苍天不知苦。慈母眼中血,未干同两乳。

戊子,即宋仁宗庆历八年(1048年),诗人47岁,在京城汴京(今河南开封)任国子博士。据诗人《小女称称砖铭》,称称生于庆历七年(1047年)十月七日,于次年三月二十一日夭亡,还不足半周岁。就在称称死去的当天,诗人在极度悲痛中,写了此诗。原诗共三首,这里引的是其中的第二首,写称称的天真可爱,她的死给父母带来无尽的悲伤。这首诗用朴素的语言,把伤悼女儿之情写得非常真切沉痛。

乌台诗案,是北宋年间的一场文字狱,结果苏轼被抓进乌台,被关了四个月。该案原委是这样的:御史中丞李定、舒亶、何正臣等人摘取苏轼《湖州谢上表》中语句和此前所作诗句,以谤讪新政的罪名逮捕了苏轼。苏轼的诗歌确实有些讥刺时政,包括变法过程中的问题。这案件先由监察御史告发,后在御史台狱受审。所谓"乌台",即御史台,因官署内遍植柏树,又称"柏台"。柏树上常有乌鸦栖息筑巢,乃称乌台。所以此案称为"乌台诗案"。

苏轼下狱后未卜生死,一日数惊。在等待最后判决的时候,其子苏迈每天去监狱给他送饭。由于父子不能见面,所以早在暗中约好:平时只送蔬菜和肉食,如果有死刑判决的坏消息,就改送鱼,以便心里早作准备。一日,苏迈因银钱用尽,需出京去借,便将为苏轼送饭一事委托朋友代劳,却忘记告诉朋友暗中约定之事。偏巧那个朋友那天送饭时,给苏轼送去了一条熏鱼。苏轼一见大惊,以为自己凶多吉少,便以极度悲伤之心,为弟苏辙写下了诀别诗两首《狱中寄子由①》:

〔其一〕圣主[1]如天万物春,小臣愚暗自亡身。百年未满先偿债,十口无归更累人。是处青山可藏骨,他年夜雨[2]独伤神。与君今世为兄弟,更结来生未了因[3]。

注:[1]圣主:指宋神宗。
　　[2]夜雨:夜雨对床,指朋友、兄弟相聚,倾心交谈。
　　[3]未了因:佛教谓今生尚未了结的因缘。

苏轼兄弟的手足亲情,至老不衰。苏轼入狱后,首先想到的是自己的弟弟。本诗写对弟弟子由的怀念之情。首联写自己将亡,次联写自己死后,家人要连累弟弟照顾;颈联写弟弟唯有独自夜雨伤神;尾联表达出愿与子由世世为兄弟的心愿。肺腑之言,深挚感人。

苏轼的门下,有四个人,史称"苏门四学士"。黄庭坚就是其中之一。黄庭坚是诗人、词人、书法家,为盛极一时的"江西诗派"开山之祖,他跟杜甫、陈师道和陈与义素有"一祖三宗"(黄为其中一宗)之称。诗歌方面,他与苏轼并称为"苏黄";书法方面,他则与苏轼、米芾、蔡襄并称为"宋代四大家";词作方面,虽曾与秦观并称"秦黄",但黄氏的词作成就却远逊于秦氏。他写了一首《思亲汝州作》的游宦海者恐母亲担忧

---

① 诗题又作《予以事系御史台狱,狱吏稍见侵,自度不能堪,死狱中,不得一别子由,故作二诗授狱卒梁成,以遗子由,二首》。

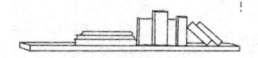

的亲情诗：

岁晚寒侵游子衣，拘留幕府[1]报官移。五更归梦三百里，一日思亲十二时。车上吐茵[2]元不逐，市中有虎竟成疑。秋毫得失关何事，总为平安书到迟。

注：[1] 幕府：此指衙署。

[2] 吐茵：《汉书·丙吉传》载：丙吉为人宽厚，对下属官吏掩过扬善。其为丞相时，驭吏（驾车者）醉呕车上，西曹主吏欲斥逐，丙吉止之曰："以醉饱之失去士，使此人将复何所容？西曹第（暂且）忍之，此不过污丞相车茵耳。"遂不去。茵，地毯。此处指因过失被解职。

黄庭坚二十多岁中进士，宦游在外，长期和母亲分离，此篇是他于河南南阳汝州为官时所作。黄是个有名的孝子，"游子衣"已是借用孟郊的名句表达了对母亲的感恩，"五更归梦三百里，一日思亲十二时"不是文人弄笔虚言、夸饰之语，而是表达了浮游宦海的游子对母亲的殷切思

黄庭坚的书法

念。宦海多风波,宦者恒沉浮,作者说:"秋毫得失关何事。"在官府中,即或有点过失,也未必被"逐",但流言可畏,三人成虎,这不能不让母亲为自己担忧啊!每念此事,总让作者忧心忡忡,因此,不让母亲担忧,黄经常往家中写报平安的书信,以免慈母挂念,可是又常常担心书信到得太迟。这正是黄庭坚的孝心,他是从精神上孝敬母亲的。游子对母亲的拳拳之心可见一斑。本文善用典故,而"五更归梦三百里,一日思亲十二时"更是思乡怀人的经典名句。

宋末元初僧人舆恭,字行己,号懒禅,浙江上虞人。他出家之后不久,其父见背,唯留老母贫苦独守。虽系出家之人,亦不能有负亲恩。于是写下了《思母》一诗:

霜殒芦花[1]泪湿衣,白头无复倚柴扉。去年五月黄梅雨,曾典袈裟籴米归。

注:[1] 霜殒芦花:寒霜把芦花摧残。芦花:典出《史记·仲尼弟子列传》。传载孔子弟子闵损字子骞,少时受后母虐待。冬天,后母将芦花塞入布中,给子骞穿。而以棉花制袄,给自己亲生儿子穿。子骞父得知,欲休之。子骞跪求留母,曰:"母在一子单,母去四子寒。"父乃止。后母悔,遂待诸子如一。后世转以芦花代指母爱。

去年五月梅雨时节,家中粮断,白发老娘倚门翘首,盼儿归来,望眼欲穿!自己是出家人,身无长物,只好典当袈裟,籴米回家,奉养老母。当时的境况虽然清苦,但毕竟老母健在,孝心有托。可现在,母亲已经去世,柴扉冷落,已无亲人倚门。霜打芦花,泪湿衣衫,诗人陷入了深深的悲恸。

读这首诗,令人悲从中来。诗中写梅雨季节、白头倚门、典当袈裟、籴米归来等景象,朴素真实,直抒胸臆。句句在叙事,句句含深情;句句在写景,句句蕴至诚。

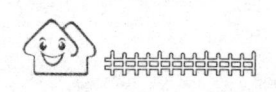

母爱是世界上最无私、最忘我的感情。《思母》格外动人之处在于本诗是出家人写的,是一位出家人不解的尘缘和难舍的亲情。《楞严经》云:"十方如来,怜念众生,如母忆子。"就是说,十方诸佛,怜悯忆念一切众生,好像母亲忆念亲生儿子一样。在佛经中,母亲的爱怜和佛祖的慈悲是同位的。僧人舆恭的感情所以美好,正因为在他的诗中,充满了世俗的人情。

清代诗人黄景仁(1749—1783),字汉镛,一字仲则,号鹿菲子。阳湖(今江苏省常州市)人,北宋诗人黄庭坚的后裔。黄景仁短暂的一生,大都是在贫病愁苦中度过的。所作诗歌,多抒发穷愁不遇、寂寞凄怆的情怀。《别老母》亦是如此:

搴帷拜母河梁去,白发愁看泪眼枯。惨惨柴门风雪夜,此时有子不如无。

这首诗的最大特点是感情极深,无论是缠绵悱恻还是抑塞愤慨之情,都写得深入沉挚,使人回肠荡气,极受感动。其次是语言真切,他善用白描,诗中扫尽浮泛陈旧之词,语语真切,而且有一种清新迥拔之气,凌然纸上。其三是音调极佳,作者将诗的音调和内容紧密配合,悠扬激楚,也特别动人。要离家远去的作者是站在老母亲的角度上来写这首诗的,抒发了对母亲的不舍之情以及一种无奈的情怀。把帷帐撩起,因为要去河梁谋生故依依不舍要向年迈的母亲辞别,看到白发苍苍的老母不由泪下,眼泪也流干了。在这风雪之夜不能孝敬与母亲团叙,从而开了这凄惨的分离的柴门远去,不禁令人兴叹:养子又有何用呢?倒不如没有啊。这首诗比起那些爱母、敬母的直描作品,更具感染力。成为爱母作品中不朽的绝唱。

以亲情为表现对象的诗歌,是我国古代诗歌宝库中一宗丰富而灿烂的宝贵遗产。亲情是具有血缘关系的亲属间存在的感情,最核心的是父母与子女的关系,父母与子女间的情感自是亲情诗的核心。中国是以家庭为本位的，儿女或为功名，或被征发，或为逃难，或被外嫁，或为省亲，或被拘押，常违离在外，造成两厢思念牵挂，于是便有了大量的以"思亲"、"别亲"、"离亲"、"怀亲"、"忆亲"、"寄亲"、"留别"、"思家"、"忆家"、"游子"、"还家"、"归省"为题的诗歌。

"亲情"是"四情"（亲情、乡情、爱情、友情）之首。有人说："亲情是一种深度，友情是一种广度，爱情是一种纯度。"也有人说："人生一世，亲情、友情、爱情三者缺一，已为遗憾；三者缺二，实为可怜；三者皆缺，活而如亡！"让我们通过这些古典诗歌中的瑰宝，去体会并讴歌我们人类至真、至深、至美的亲情吧！

第六章

天下谁能不识君——友情篇

在中国古代诗歌的领域中,友情诗占有相当大的比例。朱光潜先生说:"中国叙人伦的诗,通盘计算,关于友朋交谊的比关于男女恋爱的还要多,在许多诗人的作品集中,赠答酬唱的作品,往往占其大半。"日本汉学家吉川幸次郎先生甚至认为友情诗是"中国诗歌最为重要的主题"。通读中国古代的友情诗,我们不难发现:友情一如荒漠中的甘泉,涓涓流淌在诗人心田,滋润了他们枯竭的生活,增加了他们战胜困难的勇气。友情和亲情、爱情一样,在他们的生活中、生命中是不可或缺的组成部分。朋友之道乃在于相助相济,从古代诗人及其诗歌作品中看,诗人之间的相助相济体现在以下四个方面:在生活上,相濡以沫,有福同享;在仕途上,互相援引,同舟共济;在学业上,互相切磋,共同提高;在精神上,互相安慰,以求得孤寂灵魂的共鸣。

古代友情诗的类型,大致可以分为五类:一是送别诗。所谓送别诗,即在特定的场合下,送朋友离开特定的场合所写的诗。中国传统文化中最重视的就是人与人之间的关系,有了人与人之间的关系,便有远近亲疏之分,便有了亲情、爱情与友情。亲朋好友的关系是人与人关系的一个重要组成部分。要有亲朋好友,便会有友情的存在。与亲朋好友的聚会使人幸福兴奋,与亲朋好友的离别令人痛苦感伤。正因为团聚和离别的存在,才产生与友情相连的两类诗,即送别诗和酬唱诗,如唐代宋之问的《送别杜审言》和宋代郑思肖的《送友人归》。二是留别诗。所谓留别诗,即在特定的场合下,被送之人写给送己之人的诗。如李白的《赠汪伦》。三是怀远诗。所谓怀远诗,指朋友相隔两地,因怀念友人而写的诗,如杜牧的《登九峰楼寄张祜》、南朝陆凯的《赠范晔》、李白的《闻王昌龄左迁龙标遥有此寄》、杜甫的《春日忆李白》。四是酬唱诗。所谓酬唱诗指友人之间互相唱和赠答的诗,这种诗多写于酒宴之中或朋友的相互往来之间。前者如元代揭傒斯的《重钱李九时毅赋得南楼月》和清代朱彝尊的《酬洪昇》,后者如宋代黄庭坚的《次韵几复和答所寄》。五是追悼诗。即为追念去世的朋友而写的诗,这类诗最为感人,因为朋友已逝,昔日的友谊只能化作遥远的记忆。可以说,这种诗是对友情的一种带血的哭诉与呼唤。如杜甫的《别房太尉墓》,全诗表现了对亡友的一片深情,浸透着作者伤心的泪水。又如李商隐的《哭刘蕡》,不但表达了对刘蕡的深挚情谊和由衷钦仰,更表达了对刘蕡不幸早逝的无限悲伤。全诗的基调是撕心裂肺般的哀痛,给人以极大的震撼力。

我们先来欣赏一首《古诗十九首》中关于友谊的诗作《明月皎夜光》:

明月皎夜光,促织[1]鸣东壁。玉衡[2]指孟冬[3],众星何历历。白露沾野草,时节忽复易[4]。秋蝉鸣树间,玄鸟[5]逝安适。昔我同门友[6],高举振六翮[7]。不念携手好,弃我如遗迹。南箕[8]北有斗,牵牛不负轭[9]。良无盘石[10]固,虚名复何益。

注:[1] 促织:蟋蟀。
[2] 玉衡:指北斗七星中的第五至七星。北斗七星形似酌酒的斗:第一星至第四星成勺形,称斗魁;第五星至第七星成一条直线,称斗柄。由于地球绕日公转,从地面上看去,斗星每月变一方位。古人根据斗星所指方位的变换来辨别节令的推移。

[3] 孟冬:冬季的第一个月。这句是说由玉衡所指的方位,知道节令已到孟冬(夏历的七月)。

[4] 易:变换。

[5] 玄鸟:燕子。

[6] 同门友:同窗,同学。

[7] 翮:鸟的羽茎。据说善飞的鸟有六根健劲的羽茎。

[8] 南箕:星名,形似簸箕。

[9] 轭:车辕前横木,牛拉车则负轭。

[10] 盘石:同"磐石"。

诗的前面八句从描述秋夜之景入笔,抒写诗人月下徘徊的哀伤之情。"同门"句开始,入木三分地刻画了同门好友"一阔脸就变"的卑劣之态,同时又表露了诗人那不谙世态炎凉的多少惊讶、悲愤和不平!全诗的主旨至此方才揭开,那在月光下徘徊的诗人,原来就是这样一位被同门好友所欺骗、所抛弃的落魄者。"良无盘石固,虚名复何益!"这两句是诗人长叹,诗人以悲愤的感慨收束了全诗。这叹息和感慨,包含了诗人那被炎凉世态所欺骗、所愚弄的多少伤痛和悲哀。全诗感情强烈,有一种冷清的美感。

南朝萧统《文选》所录《苏武诗四首》中的第一首《旧题苏武诗》就是此类,这首五言诗抒写兄弟骨肉的离别之情,用笔浑重朴厚,风格淡中见醇,近而犹远:

骨肉缘枝叶,结交亦相因。四海皆兄弟,谁为行路人。况我连枝树,与子同一身。昔为鸳与鸯,今为参与辰。昔者常相近,邈若胡与秦。惟念当离别,恩情日

萧统画像

以新。鹿鸣思野草,可以喻嘉宾。我有一樽酒,欲以赠远人。愿子留斟酌,叙此平生亲。

诗一开始,作者就用"骨肉"二字直接说出诗中"我"与"远人"之间的特殊关系,然后再以"枝叶"作比喻,进一步暗示和强调这种关系的亲密。按理次句应顺着这层意思往下写,可是诗人却把笔触转向了与"骨肉"不同的另一种关系,这就是人世间亲朋好友间的交往。"四海皆兄弟,谁为行路人"二句继续由此生发,写天下朋友之交都能亲如兄弟,不忍相别。这里诗人巧妙地借知己挚友托出"兄弟"二字,与前"骨肉"二字相应,同时又借朋友相别预为后文骨肉之离作陪衬。

"惟念当离别,恩情日以新"二句既承上而言,说出了兄弟平时相处弥足珍贵、离别后尤感痛苦的原因,又为下文对临别饯行、樽酒留人的描写预作交代。诗句转折、联结高妙,浑然一体而不见针迹线痕,于此可悟。然而这二句的好处还不仅见之于它在全诗结构中所起的作用,更重要的是它以浅显的语言,说出了一种人生中的宝贵体验:这就是当一个人要失去某件东西时,会超乎异常地体会到它的珍贵。人与物的关系是这样,人与人的关系更是这样。诗人正是在离别在即时,充分感受到了这一点。因此他在为将要远行的亲人饯别时,一再要以酒相赠,以酒留饮,以酒叙情。酒是消愁物,诗人当时的心情和行人当时的心情,都在这种赠别和留饮中表露无余。"鹿鸣"二句系化用《诗·小雅·鹿鸣》中"呦呦鹿鸣,食野之苹。我有嘉宾,鼓瑟吹笙"之意,有兴起和借喻设筵饯别之妙。末四句状写赠别留饮情状,言近意远,词浅味浓。人至临别而以杯酒相赠,愿以此挽留片刻而畅叙平生之亲,此景此情不能不令人唏嘘。后代不少传诵千古的名句,如唐代诗人王维《阳关曲》中的"劝君更尽一杯酒,西出阳关无故人"等,所写也正是这种景和这种情。

晋代庞参军是对陶渊明诗歌创作产生直接影响的重要人物,其生卒年不详,做过卫军将军参军。陶渊明作品中有两首《答庞参军》诗,一为四言,一为五言。此两庞参军当为一人。由四言《答庞参军》"昔我云别,仓庚载鸣;今也遇之,霰雪飘零"的诗句来看,陶渊明与庞参军的离别不止一次。由"栋宇惟邻"、"自尔邻曲,冬春再交,欵然良时,忽成旧游"等语看,他们曾经是住得很近的邻居。他们之间的生活除了弹琴饮酒外,诗歌是格外值得注意的重要内容。他们平日"乃陈好言,乃著新诗",离别之际庞参军专门写诗向陶渊明告别,而"抱疾多年,不复为文"的陶渊明也"依周礼往复之义,且为别后相思之资",慨然赋诗酬答。可见他们交情之深厚。下面是《答庞参军》全诗:

三复[1]来贶[2],欲罢不能。自尔邻曲,冬春再交;欵然[3]良对,忽成旧游。俗谚云:"数面成亲旧",况情过此者乎?人事好乖,便当语离;杨公所叹[4],岂惟常悲。吾抱疾多年,不复为文,本既不丰,复老病继之;辄依《周礼》往复之义,且为别后相思之资。

相知何必旧,倾盖定前言。有客赏我趣,每每顾林园。谈谐无俗调,所说圣人篇。或有数斗酒,闲饮自欢然。我实幽居士,无复东西缘。物新人惟旧,弱毫多所宣。情通万里外,形迹滞江山。君其爱体素,来会在何年?

注:[1] 三复:再三诵读。
　　[2] 来贶:送来的赠品,这里指庞参军所赠的诗。
　　[3] 欵然:诚挚貌。
　　[4] 杨公所叹:杨公,杨朱。"杨公所叹"在诗中指离别。

这首诗前八句追忆与庞参军真挚深厚的友情,后八句抒发依依惜别的情怀。语言朴实无华却具有强大的艺术感染力。这是一首送别诗,又是一首表达真挚友情的抒情诗,反映了陶渊明田园生活的一个侧面。同陶诗的其他篇章一样,这首诗也以它的真情真意深深地感动着每一个读者。按理说,送别诗完全可以写得愁肠百结,缠绵悱恻,令人不忍卒读,但这首诗却以明白如话的诗句,举重若轻,朴实无华地表达了自己的感情,真是"一语天然万古新,豪华落尽见真淳"(元好问《论诗绝句》),它的强大的艺术感染力,正是这种"天然"、"真淳"造成的。

古时赠友诗无数,陆凯《赠范晔》一首以其短小、平直独具一格,亲切随和,颇有情趣:

折花逢驿使[1],寄与陇头[2]人。江南无所有,聊[3]赠一枝春[4]。

注:[1] 驿使:古代驿站传递公文、书信的使者。
　　[2] 陇头:即陇山,在今陕西陇县西北。
　　[3] 聊:姑且。
　　[4] 一枝春:此处借代一枝花。

诗的开篇即点明诗人与友人远离千里,难以聚首,只能凭驿使来往互递问候。而这一次,诗人传送的不是书信却是梅花,可见两人之间关系亲密,已不拘泥形式上的情感表达。一个"逢"字看似不经意,但实际上却是有心:由驿使而联想到友人,于是寄梅问候,体现了对朋友的殷殷挂念。如果说诗的前两句直白平淡,那么后两句则在淡淡致意中透出深深祝福。江南不是一无所有,有的正是诗人的诚挚情怀,而这一切,全凝聚在小小的一枝梅花上。由此可见,诗人的情趣是多么高雅,想象是多么丰富。"一枝春",是借代的手法,以一代全,象征春天的来临,也隐含着对相聚时刻的期待。联想友人睹物思人,一定能明了诗人的慧心。

这首诗构思精巧,清晰自然,富有情趣。用字虽然简单,细细品读,春的生机及诗人对友人的情意如现眼前。

隋代无名氏的《送别》,全诗借柳条、杨花的物象寄寓惜别、盼归的深情,凄婉动人:

杨柳青青着地垂,杨花漫漫搅天飞。柳条折尽花飞尽,借问行人归

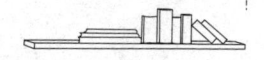

不归?

柳丝飘飘摇摇,饶有缠绵依恋的情态,故早在《诗经》中,已将杨柳与惜别联系起来,《小雅·采薇》中的"昔我往矣,杨柳依依",历代传诵,脍炙人口。"柳"又与"留"谐音,故折柳赠别以寓挽留之意,从汉代以来便成为一种风俗。北朝乐府民歌中的《折杨柳歌辞》"上马不捉鞭,反折杨柳枝。蹀座吹长笛,愁杀行客儿",已饶有情韵。在南朝,梁简文帝、梁元帝、刘邈等人的《折杨柳诗》中,也各有特色。然而在唐代以前的咏柳惜别之作中,还要数隋末无名氏的这一篇最完美。

"初唐四杰"之一的王勃于乾封二年(667年)从京都来到南昌。当时,他的生活比较穷困,所迫无奈,常为生计而奔波。这年重阳节,南昌都督阎伯屿在滕王阁大摆宴席,邀请远近文人学士为滕王阁题诗作序,王勃自然是其中宾客。在宴会中,王勃写下了著名的《滕王阁序》,接下来写了序诗:

闲云潭影日悠悠,物换星移几度秋。阁中帝子今何在?槛外长江__自流。

诗中王勃故意空了一字,然后把序文呈上都督阎伯屿,便起身告辞。阎大人看了王勃的序文,正要发表溢美之词,却发现后句诗空了一个字,便觉奇怪。旁观的文人学士们你一言我一语,对此发表各自的高见,这个说,一定是"水"字;那个说,应该是"独"字。阎大人听了都觉得不能让人满意,怪他们全在胡猜,非作者原意。于是,命人快马追赶王勃,请他把落了的字补上来。

王勃塑像

待来人追到王勃后,他的随从说道:"我家公子有言,一字值千金。

望阁大人海涵。"来人返回将此话转告了阎伯舆,大人心里暗想:"此分明是在敲诈本官,可气!"又一转念:"怎么说也不能让一个字空着,不如随他的愿,这样本官也落个礼贤下士的好名声。"于是便命人备好纹银千两,亲自率众文人学士,赶到王勃住处。王勃接过银子故作惊讶:"何劳大人下问,晚生岂敢空字?"大家听了只觉得不知其意,有人问道:"那所空之处该当何解?"王勃笑道:"空者,空也。阁中帝子今何在?槛外长江空自流。"大家听后一致称妙,阎大人也意味深长地说:"一字千金,不愧为当今奇才。"

而他的送别的名作《送杜少府之任蜀川》更是开合顿挫,气脉流通,意境旷达。一洗古送别诗中的悲凉凄怆之气,音调爽朗,清新高远:

城阙[1]辅三秦[2],风烟望五津[3]。与君离别意,同是宦游人。海内存知己,天涯若比邻。无为在歧路,儿女共沾巾。

注:[1] 城阙:指唐代都城长安。
　　[2] 三秦:现在陕西省一带;辅三秦即以三秦为辅。
　　[3] 五津:四川境内长江的五个渡口。

此诗意在慰勉而不在离别时之悲哀。一、二句严整对仗,三、四句以散调承之,以实转虚,文情跌宕。第三联"海内存知己,天涯若比邻",奇峰突起,高度地概括了"友情深厚,江山难阻"的情景,伟词自铸,传之千古,有口皆碑。尾联点出"送"的主题。

据《唐才子传》和《河岳英灵集》载,王昌龄曾因不拘小节,"谤议沸腾,两窜遐荒",开元二十七年(739年)即被贬岭南,从岭南归来后,他被任为江宁丞,几年后再次被贬谪到更远的龙标。可见当时他正处众口交毁的恶劣环境之中。

但是诗人以晶莹透明的冰心玉壶自喻,表达了他与洛阳诗友亲朋之间的真正了解和信任,这决不是洗刷谗名的表白,而是蔑视谤议的自誉。

在《芙蓉楼①送辛渐②》这首诗中，诗人从清澈无瑕、澄空见底的玉壶中捧出一颗晶亮纯洁的冰心以告慰友人，这比任何相思的言辞都更能表达他对洛阳亲友的深情：

寒雨连江夜入吴[1]，平明[2]送客楚山[3]孤。洛阳亲友如相问，一片冰心[4]在玉壶。

注：[1] 吴：指镇江一带，因镇江在春秋时属于吴国，故云。
　　[2] 平明：天将亮时。
　　[3] 楚山：泛指镇江一带的山峰，镇江一带在战国时并入楚国，故亦可称之为楚地。
　　[4] 冰心：像冰一样莹洁的心。

　　此诗为作者谪江宁丞时送辛渐入洛阳而作，描写的是与友人在江边离别时的情景。前二句写送别时的环境气氛：苍茫的江雨和孤峙的山峰，渲染出离别时的依恋和黯淡。后二句是对友人的托付，借一个恰切的比喻，表达了自己坚持廉洁操守，决不与时俗同流合污的志向，说明自己不以贬谪之情为怀，决不会因遭贬谪而改变志节。全诗含蓄蕴藉，余韵深长。

　　早在六朝刘宋时期，诗人鲍照就用"清如玉壶冰"（《代白头吟》）来比喻高洁清白的品格。自从唐代开元时期的宰相姚崇作《冰壶诫》以来，盛唐诗人如王维、崔颢、李白等都曾以冰壶自励，推崇光明磊落、表里澄澈的品格。王昌龄托辛渐给洛阳亲友带去的口信不是通常的平安竹报，而是传达自己依然冰清玉洁、坚持操守的信念，这是大有深意的。

　　在友情诗篇中，诗人李颀所作《送魏万之③京》一诗比较特别，被送

---

① 芙蓉楼，在今江苏镇江市西北。
② 辛渐，作者友人。
③ 之，往，到……去。

者为诗人晚辈。魏万后改名魏颢。他曾求仙学道,隐居王屋山。天宝十三年,因慕李白名,南下到吴、越一带访寻,最后在广陵与李白相遇,计程不下三千里。李白很赏识他,并把自己的诗文让他编成集子,临别时,还写了一首《送王屋山人魏万还王屋》的长诗送他。魏万比李颀晚一辈,然而从此诗看,两人像是情意十分密切的"忘年交"。李颀晚年家居颍阳而常到洛阳,《送魏万之京》可能就写于洛阳:

朝闻游子唱骊歌,昨夜微霜初度河。鸿雁不堪愁里听,云山况是客中过。关城[1]曙色催寒近,御苑[2]砧声向晚多。莫是长安行乐处,空令岁月易蹉跎[3]。

注:[1] 关城:函谷关。
   [2] 御苑:君王居住的宫室,这里指京城。
   [3] 蹉跎:虚度光阴。

诗中一、二两句想象魏万到京城沿途所能见的极易引起羁旅乡愁的景物。中间四句或在抒情中写景叙事,或在写景叙事中抒情,层次分明。最后两句劝勉魏万到了长安之后,不要只看到那里是行乐的地方而沉溺其中、蹉跎岁月,应该抓住机遇成就一番事业。这首诗表达了诗人对魏万的深情厚谊,情调深沉悲凉,却催人向上。

《别董大》是送别诗中的典范之作,共有两首。这两首送别诗都作于天宝六年(747年),当时高适在睢阳,送别的对象是著名的琴师董庭兰。盛唐时盛行胡乐,能欣赏七弦琴这类古乐的人不多。这时高适也很不得志,到处浪游,常处于贫贱的境遇。但在这两首送别诗中,高适却以开朗的胸襟、豪迈的语调把临别赠言说得激昂慷慨、鼓舞人心。在这里,我们给大家介绍第一首。从诗的内容来看,当是高适在与董大久别重逢、经过短暂的聚会以后,要各奔他方时的赠别之作。而且,两个人都处在困顿不达的境遇之中,贫贱相交自有深沉的感慨。但是诗却胸襟开

阔,描写别离反而一扫缠绵幽怨的老调,雄壮豪迈:

千里黄云白日曛,北风吹雁雪纷纷。莫愁前路无知己,天下谁人不识君。

前两句"千里黄云白日曛,北风吹雁雪纷纷",用白描手法写眼前之景:北风呼啸,黄沙千里,遮天蔽日,到处都是灰蒙蒙的一片,以致云也似乎变成了黄色,本来璀璨耀眼的阳光现在也淡然失色,如同落日的余晖一般。大雪纷纷扬扬地飘落,群雁排着整齐的队形向南飞去。诗人在这荒寒壮阔的环境中,送别这位身怀绝技却又无人赏识的音乐家。后两句"莫愁前路无知己,天下谁人不识君",是对朋友的劝慰:此去你不要担心遇不到知己,天下哪个不知道你董庭兰啊!话说得多么响亮,多么有力,于慰藉中充满信心和力量,激励朋友抖擞精神去奋斗、去拼搏。

诗仙李白的赠别诗意境往往高人一筹,尤其是那首浑然天成的《赠汪伦》。诗中表达了李白对汪伦这个普通村民的深情厚谊:

李白乘舟将欲行,忽闻岸上踏歌声。桃花潭水深千尺,不及汪伦送我情。

"清水出芙蓉,天然去雕饰。"后人爱用李白的这两句话评价李白的诗。李白即兴赋诗,出口成章,显得毫不费力。他感情奔放,直抒胸臆,天真自然,全无矫饰,而有一种不期而然之妙。"看似寻常最奇崛",正所谓绚烂之极,归于平淡,这种功夫是极不易学到的。这首《赠汪伦》就集中体现了李白这种自然高妙的诗风。据清代袁枚《随园诗话补遗》记载:"有一位素不相识的汪伦,写信给李白,邀请他去泾县旅游,信上热情洋溢地写道:'先生好游乎?此地有十里桃花;先生好饮乎?此地有万家酒店。'李白欣然而往。汪伦是泾县的豪士,为人热情好客,倜傥不羁。于是李白问桃园酒家在什么地方,汪伦回答说:'桃花者,潭水名也,并无桃花;万家者,店主人姓万也,并无万家酒店。'引得李白大笑。留数日离去,临行时,写下上面这首诗赠别。"

这首诗写的是汪伦来为李白送行的情景。诗人很感动,所以用"桃花潭水深千尺,不及汪伦送我情"两行诗来极力赞美汪伦对诗人的敬佩和喜爱,也表达了李白对汪伦的深厚情谊。前两句叙事,"李白乘舟将欲行",是说诗人就要乘船离开桃花潭了。语言不假思索,顺口流出,表现出乘兴而来、兴尽而返的潇洒神态。"忽闻岸上踏歌声",

李白画像

"忽闻"二字表明,汪伦的到来,确实是不期而至的。人未到而声先闻,从那热情爽朗的歌声,李白就料到一定是汪伦赶来送行了。这样的送别,侧面表现出李白和汪伦这两位朋友同是不拘俗礼、自由的人。在山村僻野,本来就没有上层社会送往迎来那套繁琐礼节。从诗中可看出,李白走时,汪伦不在家中。当汪伦回来得知李白走了,立即携着酒赶到渡头饯别。不辞而别的李白洒脱不羁,不讲客套;踏歌欢送的汪伦,也是豪放热情,不作儿女沾巾之态。短短十四字就写出两人乐天派的性格和他们之间不拘形迹的友谊。由于桃花潭就在附近,于是诗人信手拈来,用桃花潭的水深与汪伦对他的情深作对比。"桃花潭水深千尺,不及汪伦送我情"两句,清代沈德潜评价说:"若说汪伦之情比于潭水千尺,便是凡语。妙境只在一转换间。"(《唐诗别裁》)这两句妙就妙在"不及"二字将两件不相干的事物联系在一起,有了"深千尺"的桃花潭水作参照物,就把无形的情谊化为有形,既形象生动,又耐人寻味。潭水已"深千尺"了,那么汪伦的情谊之深,读者也可想而知了。

诗人结合此时此地,此情此景,这两句诗脱口而出,感情真率自然。用水流之深比喻人的感情之深,是诗家常用的写法。如果诗人说,汪伦的友情真像潭水那样深,也是可以的,但显得一般化,还有一点刻意雕琢

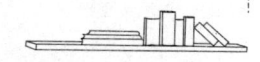

的味道。而诗中的写法，好像两个友人船边饯别，一个"劝君更尽一杯酒"，一个"一杯一杯复一杯"。口头语，眼前景，有一种天真自然之趣，隐隐使读者看到大诗人豪放不羁的个性。

王维有一首《相思》，又题为《江上赠李龟年》。红豆产于南方，鲜红圆润，晶莹似珊瑚，南方人常用来镶嵌饰物。相传古代有位女子，因为丈夫战死边疆，而哭死于树下，化为红豆，后来人们把红豆又称为"相思子"。唐诗中经常用红豆来表示相思之情。相思既包括男女之间的情爱，也包括朋友之间的友爱，本诗就属于后者。诗中语浅情深，物轻情重。小小的红豆寄托了诗人对友人的深深眷恋与思念：

红豆生南国，春来发几枝。愿君多采撷，此物最相思。

起句因物起兴，语虽单纯，却富于想象；接着以设问寄语，意味深长地寄托情思；第三句暗示珍重友谊，表面似乎嘱咐别人相思，背面却深寓自身相思之重；最后一语双关，既切中题意，又关合情思，妙笔生花，婉曲动人。全诗情调健美高雅，怀思饱满奔放，语言朴素无华，韵律和谐柔美。可谓绝句的上乘佳品。

杜甫同李白的友谊，首先是从诗歌上结成的。杜甫有一首《春日忆李白》：

白也诗无敌，飘然思不群。清新庾开府[1]，俊逸鲍参军[2]。渭北春天树，江东[3]日暮云。何时一樽酒，重与细论文[4]。

注：[1] 庾开府：指庾信。在北周官至骠骑大将军、开府仪同三司（司马、司徒、司空），世称庾开府。
[2] 鲍参军：指鲍照。南朝宋时任荆州前军参军，世称鲍参军。
[3] 江东：指今江苏省南部和浙江省北部一带，当时李白在此地。
[4] 论文：即论诗。六朝以来，通称诗为文。

这首怀念李白的五律，是天宝五年（746年）或天宝六年（747年）春杜甫居长安时所作，主要是从这些方面来落笔的：开头四句，一气贯注，都是对李白诗的热烈赞美。首句称赞他的诗冠绝当代。第二句是对上句的说明，是说他之所以"诗无敌"，就在于他思想情趣卓异不凡，因而写出的诗，出尘拔俗，无人可比。接着赞美李白的诗像庾信那样清新，像鲍照那样俊逸。庾信、鲍照都是南北朝时的著名诗人。这四句，笔力峻拔，热情洋溢，首联的"也"、"然"两个语助词，既加强了赞美的语气，又加重了"诗无敌"、"思不群"的分量。

对李白奇伟瑰丽的诗篇，杜甫在题赠或怀念李白的诗中，总是赞扬备至。从此诗坦荡真率的赞语中，也可以见出杜甫对李白诗作的钦仰。这不仅表达了他对李白诗的无比喜爱，也体现了他们的诚挚友谊。

全诗以赞诗起，以"论文"结，由诗转到人，由人又回到诗，转折过接，极其自然。通篇始终贯穿着一个"忆"字，把对人和对诗的倾慕怀念，结合得水乳交融。以景寓情的手法，更是出神入化，把作者的思念之情，写得深厚无比，情韵绵绵。

再来欣赏杜甫的另一首友情诗《江南逢李龟年》。李龟年是开元时期著名的歌唱家。杜甫初逢李龟年，是在"开口咏凤凰"的少年时期，正值所谓"开元全盛日"。当时王公贵族普遍爱好文艺，杜甫即因才华卓著而受到岐王李隆范和中书监崔涤的延接，得以在他们的府邸欣赏李龟年的歌唱。而一位杰出的艺术家，既是特定时代的产物，也往往是特定时代的标志和象征。在杜甫心目中，李龟年正是和鼎盛的开元时代，也和他自己充满浪漫情调的青少年时期的生活紧紧联结在一起的。几十年之后，他们又在江南重逢。这时，遭受了八年动乱的唐王朝业已从繁荣昌盛的顶峰跌落下来，陷入重重矛盾之中；杜甫辗转漂泊到潭州，"疏布缠枯骨，奔走苦不暖"，晚境极为凄凉；李龟年也流落江南，"每逢良辰胜景，为人歌数阕，座中闻之，莫不掩泣罢酒"（《明皇杂录》）。这种会见，自然很容易触发杜甫胸中原本就郁积着的无限沧桑之感：

岐王宅里寻常见，崔九堂前几度闻。正是江南好风景，落花时节又逢君。

"岐王宅里寻常见，崔九堂前几度闻。"诗人虽然是在追忆往昔与李龟年的接触，流露的却是对"开元全盛日"的深情怀念。这两句下语似乎很轻，含蕴的感情却深沉而凝重。"岐王宅里"、"崔九堂前"，仿佛信口道出，但在当事者心目中，这两个文艺名流的经常雅集之处，是鼎盛的开元时期丰富多彩的精神文化的集中之地，它们的名字就足以勾起诗人对"全盛日"的美好回忆。当年诗人出入其间，接触李龟年这样的艺术明星，是"寻常"而又不难"几度"的，多年过后回想起来，简直是不可企及的梦境了。这里所蕴含的天上人间之隔的感慨，读者是要结合下两句才能品味出来的。两句诗在迭唱和咏叹中，流露了诗人对开元全盛日的无限眷恋，犹如要拉长回味的时间。

梦一样的回忆，毕竟改变不了眼前的现实。"正是江南好风景，落花时节又逢君。"风景秀丽的江南，在承平时代，原是诗人们所向往的作快意之游的所在。诗人真正置身其间，所面对的竟是满眼凋零的"落花时节"和皤然白首的流落艺人。"落花时节"，如同是即景书事，又如同是别有寓托，寄兴在有意无意之间。这四个字，暗喻了世运的衰颓、社会的动乱和诗人的衰病漂泊，但诗人丝毫没有刻意设喻。这种写法显得浑成无迹。加上两句当中"正是"和"又"这两个虚词一转一跌，更在字里行间寓藏着无限感慨。江南好风景，恰恰成了乱离时世和沉沦身世的有力反衬。一位老歌唱家与一位老诗人在漂泊颠沛中重逢了，落花流水的风光，点缀着两位形容憔悴的老人，成了时代沧桑的一幅典型画图。它无情地证实"开元全盛日"已经成为历史陈迹，一场翻天覆地的大动乱，使杜甫和李龟年这些经历过盛世的人，沦落到了不幸的地步。

四句诗，从岐王宅里、崔九堂前的"闻"歌，到落花江南的重"逢"，"闻"、"逢"之间，联结着四十年的时代沧桑、人生巨变。尽管诗中没有一笔正面涉及时世身世，但透过诗人的追忆感叹，却表现出了给唐代社会物质财富和文化繁荣带来浩劫的那场大动乱的阴影,以及它给人们造成的巨大灾难和心灵创伤。可以说"世运之治乱,华年之盛衰,彼此之凄凉流落,俱在其中"。正如同旧戏舞台上不用布景,观众通过演员的歌唱表演,可以想象出极广阔的空间背景和事件过程;又像小说里往往通过一个人的命运,反映一个时代一样。这首诗的成功创作表明:在具有高度艺术概括力和丰富生活体验的大诗人那里,绝句这样短小的体裁可以具有很大的容量,而在表现如此丰富的内容时,又能达到举重若轻、浑然无迹的艺术境界。

唐贞元十四年(798 年),韩愈、孟郊皆在汴州。孟郊将离汴州南行,韩愈赋《醉留东野①》留别。诗中突出地表现了韩、孟之间的深厚友谊,从中可见韩愈对孟郊的推崇:

昔年因读李白杜甫诗,长恨二人不相从[1]。吾与东野生并世[2],如何复蹑二子踪。东野不得官[3],白首夸[4]龙钟[5]。韩子稍奸黠,自惭青蒿[6]倚长松[7]。低头拜东野,原得终始如驵蛩[8]。东野不回头,有如寸莛[9]撞巨钟。吾愿身为云,东野变为龙。四方上下逐东野,虽有离别无由逢。

注:[1] 不相从:不常在一起。
    [2] 并世:同一时代。
    [3] 不得官:写诗时孟郊正等待朝廷任命新职。
    [4] 夸:号称。
    [5] 龙钟:年老行动笨拙之态。
    [6] 青蒿:小草,韩愈自比。
    [7] 长松:比喻孟郊有乔木之才。
    [8] 驵蛩:古代传说中的一种动物,常背负另一种叫"蟨"的动物行走,蟨则为它取甘草吃,它们互相帮助为生。

---

① 东野:孟郊的字。

[9]寸筵:小竹枝,这里也是韩愈自比。

韩愈,字退之,唐代古文运动倡导者。宋代苏轼称他为"文起八代之衰"(指韩愈的古文提振八代的萎靡文风);明代人推崇他为唐宋散文八大家之首,与柳宗元并称"韩柳";杜牧把韩文与杜诗并列,称为"杜诗韩笔"。他有"文章巨公"和"百代文宗"之名。韩柳倡导的古文运动,开辟了唐以来古文的发展道路。韩愈、孟郊皆出身贫寒,青少年时期就历尽人世艰辛。相似的家世和遭遇,以及他们相投的性格、相近的诗风,促成他们笃深的友谊。贞元七年(791年),二人相遇。孟郊是"逢着韩退之,结交方殷勤",韩愈一见孟郊,则"为忘形交"。此后,韩、孟便形影相随,酬唱不绝,以怪奇的诗风并称于中唐诗坛。

《醉留东野》这首杂言诗,写得起伏转折,从李杜的不能相从说起,到作者与东野(孟郊)别多聚少,接着写东野的穷困,再写到自己有依靠得官;又转到自己拜东野,愿共相聚;转而又写东野不理他,如寸草撞钟无回音;最后写要追随东野,即便人世间确有离别这回事。

韩愈非常崇敬东野,希望两人能够永远做朋友。从前面"昔年因读李白杜甫诗,长恨二人不相从。吾与东野生并世,如何复蹑二子踪"两句恰可以看出韩愈不希望两人像李白杜甫一样分别。作者又将自己比作"青蒿",将孟郊比作"长松",将两人比作驱蛩,表现出作者对东野的依赖,就像小草要依附于长松生长,驱蛩要互相帮助、依附为生一样。"吾愿身为云,东野变为龙","云"和"龙"是共存的,比喻东野在哪里,韩愈就在哪里。"四方上下逐东野,虽有离别何由逢?"一句表明作者决心:他相信自己一定不会和东野分开。

可是诗文再怎样生动,也不是发生的事实,这首是只是表达了作者对自己与友人不能常相聚的叹息,以及他想要挽留友人的意愿。因此,文章题目才用了"醉留"一词,即想留却留不住。

对朋友的遭遇的追思也是友情的一种类型,李隐的《哭刘蕡》就是这类的代表作。刘蕡,昌平(今北京昌平县)人。唐敬宗宝应二年(826

年)进士。文宗大和二年(828年)举贤良方正,对策痛论宦官专权,危害国家,劝皇帝诛灭奸宦,改革朝政。考官赞赏他的文章,却因惧怕宦官,不敢录取。令狐楚在兴元,牛僧孺在襄阳,都召用他为从事。后得授秘书郎。因宦官诬陷,被贬为柳州司户参军。《哭刘蕡》为刘蕡病故,李商隐初闻噩耗而作:

上帝深宫闭九阍[1],巫咸[2]不下问衔冤。黄陵[3]别后春涛隔,溢浦[4]书来秋雨翻。只有安仁[5]能作诔,何曾宋玉解招魂?平生风义[6]兼师友,不敢同君哭寝门[7]。

注:[1]九阍:九重宫门。
[2]巫咸:传说中天帝的使者巫阳。《甘泉赋》:"选巫咸兮叫九阍,开天庭兮延群神。"此言朝廷不派人来了解刘蕡的冤枉。
[3]黄陵:在今湖南湘阴县北。
[4]溢浦:指江州。
[5]安仁:西晋潘岳的字,他长于写作哀诔文。
[6]风义:风骨气节。此谓以交情而论,我们是朋友;但以风骨气节而论,我则敬之为师。
[7]寝门:内室的门。

此诗沉痛动人,既伤悼朋友,又为之鸣冤,深情而正义。整篇都流淌着诗人的泪水,贯穿着一个"哭"字:始则是呜咽悲泣,随后是放声痛哭,继而是仰天悲号,最后则又变为抽噎饮泣。读完全诗,仿佛诗人的哭声还萦绕耳际。写法上,诗人把叙述、议论、抒情三者结合在一起。前面四句全是叙述、议论,但叙述中含着很强的抒情成分。后面四句抒情,而在抒情中又含着叙述成分。如果全是叙述和议论,容易干枯乏味;若纯用抒情,又与此诗所写的具体内容不太相合,难于写出刘蕡的沉冤。此诗将这三者结合起来,使公义私情,都得到了充分的展现,从而增强了诗的感染力。

西湖风光

杭州西湖美景历来是文人墨客描绘的对象,宋代诗人杨万里的《晓出净慈寺送林子方》以其独特的手法流传千古,值得细细品味。诗人驻足六月的西湖送别友人林子方,全诗通过对西湖美景的极度赞美,曲折地表达出对友人深情的眷恋:

毕竟西湖六月中,风光不与四时同。接天莲叶无穷碧,映日荷花别样红。

诗人开篇即说毕竟六月的西湖,风光不与四时相同,这两句质朴无华的诗句,说明六月西湖与其他季节不同的风光,是足可留恋的。然后,诗人用充满强烈色彩对比的句子,给读者描绘出一幅大红大绿、精彩绝艳的画面:翠绿的莲叶,涌到天边,使人感到置身于无穷的碧绿之中;而娇美的荷花,在骄阳的映照下,更显得格外艳丽。这种谋篇上的转化,虽然跌宕起伏,却没有突兀之感。看似平淡的笔墨,给读者展现了令人回味的艺术画面。

杨万里在当时有很大的影响。他的诗与陆游、范成大、尤袤齐名,称"中兴四大家"(南宋四大家)。他起初模仿"江西诗派",后来认识到

"江西诗派"追求形式、艰深塞涩的弊病,于绍兴三十二年(1162年)尽焚其诗篇千余首,决意跳出"江西诗派"的窠臼而另辟蹊径。他在《荆溪集自序》中曾回忆过自己走过的创作道路。他在诗中也曾明确表白:"传派传宗我替羞,作家各自一风流。黄(庭坚)陈(师道)篱下休安脚,陶(潜)谢(灵运)行前更出头。"(《跋徐恭仲省干近诗》之三)正因为他不随人脚跟、傍人篱下,敢于别转一路,推陈出新,终于自成一家,形成了他独具特色的诗风。其诗风格纯朴,语言口语化,构思新巧,号为"诚斋体"。对当时诗坛风气的转变,起了一定的促进作用。

"君有奇才我不贫",世界上一切美好的东西都来源于人,朋友是人生金库中不可或缺的宝物。我们的人生要想活得精彩,朋友是很重要的一个内容,真诚的朋友是人生的财富,而文友更是千金不换。清代郑板桥的一首《赠袁枚》如是说:

晨星断雁几文人,错落江河湖海滨。抹去春秋自花实,逼来霜雪更枯筠。女称绝色邻夸艳,君有奇才我不贫。不买明珠买明镜,爱他光怪是先秦。

"不买明珠买明镜,爱他光怪是先秦"是说诗人贵德贱才。"女称绝色邻夸艳,君有奇才我不贫。"郑板桥以"贫女"自喻,而以可托付终身的才子比喻袁枚。贫女虽称"绝色",实指其"有此内美,纵是奇才,又何以加此哉!"才子佳人,光怪陆离。郑板桥果然是别出心裁。

后人评价郑板桥有三绝,曰画、曰诗、曰书。三绝中又有三真,曰真气、曰真意、曰真趣。一个"真"字,

郑板桥画像

更多是赞誉他孤高清峻的品格操守。他自己也说:"要有掀天揭地之文,震电惊雷之字,呵神骂鬼之谈,无古无今之画,固不在寻常蹊径中也。"乾嘉之际,文人书法大都冲不破赵孟頫、董其昌的森严壁垒,偏偏有郑板桥这样特立独行的人物,以一笔不今不古、非隶非草的"六分半书"异军突起,成为领异标新的典范,后人形象地将他的书法称作"乱石铺街体"。他能把真、行、草、隶、篆诸体以楷隶为主,巧妙结合形成一种亦古亦新的书体。他的字,秦汉的波磔杂糅着魏晋的法度,貌似懒散地在纸上任意铺排,萧散野逸的别趣充盈在字里行间。

友情是人类情感生活中不可或缺的组成部分,它与家国情、儿女情、故乡情等等,共同构建成人们心魂的依托、精神的支柱。很难想象,一个人如果缺少了温馨的友情滋润,关闭掉心灵的这扇窗子,将如何度过这一生!正因为如此,在诗歌史上,友情题材理所当然地占有重要的位置,从来都为诗人所珍重。友情题材表现于文学创作上可谓源远流长。从《诗经·伐木》篇的"嘤其鸣矣,求其友声",到屈原《九歌·少司命》歌吟人生悲欢时"悲莫悲兮生别离,乐莫乐兮新相知"的深切感受。从历史佳话伯牙鼓琴钟子期知音的传说,到春秋时管仲和鲍叔牙之交的美谈等等。

第七章

暗香浮动月黄昏——咏物篇

所谓"咏物诗",是指那种以客观的"物"为描写对象,或细致地刻画它的色彩与形态,或借以抒怀兴感的诗作。世间的花草松竹、鸟兽虫鱼,都有着自己生长、生活的规律。但是,情感丰富敏感的诗人们,却往往能从自然界万物里,生发出万千感慨,这便产生了咏物诗。"物"引发了诗,而诗又通过对"物"形象的描绘,赋予"物"以美感,诗人还能"因物而兴怀"。因此,没有生活中的万物,便不会有咏物诗;而优秀的咏物诗,又给物以美感和生命。将"物"与"诗"有机地结合起来,是诗人创造性的功绩。

咏物诗的描写对象是"物",难免要对所咏之物作一定的描绘和刻画,求其逼真,这种刻画是为了曲尽物之体态,达到形似的目的。但好的咏物诗总是不停留于形似,而是力求在形似的基础上,再进一步,写出"物"的神韵。所以古人有"取形不如取神"之言。

诗人咏物,常常希望能借物表达出自己的理想和志向,或者表明自己对某些事物的看法,这便是寄托。咏物诗通常可分为两种类型:一是"托物言志"型。这类咏物诗中所咏之"物"往往是作者的自况,与诗人的自我形象完全融合在一起,作者在描摹事物中寄托了一定的感情。如骆宾王《在狱咏蝉》,诗中的"蝉"即是作者的自况。二是"借物抒情"型。在这类咏物诗中,往往流露出作者的人生态度,或寄寓美好的愿望,

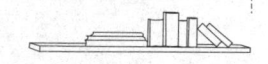

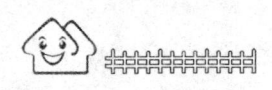

或包涵生活的哲理，或表现作者的生活情趣。如贺知章的《咏柳》："碧玉妆成一树高，万条垂下绿丝绦。不知细叶谁裁出，二月春风似剪刀。"诗中通过描写柳树的风姿，歌颂春风的神奇力量，透露出诗人对春光的热爱之情。

我们先从动物世界的姿态万千开始欣赏。首先要介绍的是唐代诗人虞世南。虞世南(558—638)，越州余姚(今属浙江省)人。官至秘书监，封永兴县字，故世称"虞永兴"。书法上，与欧阳询、褚遂良、薛稷并称"唐初四大家"。他有一首题为《蝉》的托物寓意的诗，是唐人咏蝉诗时代中最早的一首，很为后世人称道：

垂绥[1]饮清露，流响出疏桐。居高声自远，非是藉秋风。

注：[1] 垂绥：是古代官帽打结下垂的带子，也指蝉的下巴上与帽带相似的细嘴。

这首咏物诗，咏物中尤多寄托，具有浓郁的象征性。句句写的是蝉的形体、习性和声音，而句句又暗示着诗人高洁清远的品行志趣，物我互释，咏物的深层意义是咏人。诗的最后评点道：蝉能够"居高声自远"，并非凭借秋风一类外力所致。这些诗句的弦外之音无非是说，做官做人应该立身高处、德行高洁，才能说话响亮、声名远播。这种居高致远完全来自人格美的力量，绝非依凭见风使舵、阿谀奉承所能得到的。实际上，《蝉》包含着虞世南的夫子自道。他作为唐贞观年间画像悬挂在凌烟阁的二十四勋臣之一，博学多能，高洁耿介，与唐太宗谈论历代帝王为政得失，能够直言善谏，为"贞观之治"作出了独特贡献。为此，唐太宗称他有"五绝"(德行、忠直、博学、文辞、书翰)，并赞叹："群臣皆如虞世南，天下何忧不理！"

骆宾王也有一首咏蝉的诗，但是格调与虞世南不太一样。骆宾王是唐朝初期的诗人，与王勃、杨炯、卢照邻合称"初唐四杰"。又与富嘉谟并称"富骆"。他7岁能诗，有"神童"之称。据说"咏鹅诗"就是此时所作。在四杰中他的诗作最多,尤擅七言歌行,无论抒情、说理或叙事,都能运笔如舌,挥洒自如,与六朝后期堆花俪叶、一味追求形式之美的文风,有着明显的不同。他的《在狱咏蝉》诗:

西陆[1]蝉声唱,南冠[2]客思侵。那堪玄鬓影[3],来对白头吟。露重飞难进,风多响易沉。

注:[1] 西陆:指秋天。
　　[2] 南冠:指囚犯。
　　[3] 玄鬓:即蝉鬓。古代妇女的鬓发梳得薄如蝉翼,看上去像蝉翼的影子,故玄鬓即指蝉。

　　前两联点明因蝉声而触发的满腹忧思。想想自己仕途坎坷,屡遭困厄,今又陷于冤狱,未老先衰,怎能禁得住这寒蝉的哀鸣!颈联既切合秋蝉的处境,又是诗人不幸遭遇的真实写照。尾联"高洁"二字,是"居高食洁"的蝉的习性的浓缩。这两句将所咏之蝉与诗人的自我形象完全融合在一起,直接抒发了作者怀才不遇、蒙冤不白的悲愤之情。
　　欣赏完骆宾王的"咏蝉"诗,我们再来看罗隐的"咏蜂"诗。罗隐(833—910),字昭谏,新城(今浙江省富阳市新登镇)人。在唐朝末年,罗隐和许多人一样也想借助科举考试踏入仕途,一展宏志。罗隐虽然名声很大,但考了很多次都没有考中。罗隐的才学确实出众,就连当时的宰相郑畋和李蔚都很欣赏他,但由于他的试卷里的讽刺意味太强,人也很狂妄,这使得考官们对他很反感。有次他投考时,正遇上大旱,皇上下诏作法求雨。罗隐便上书进谏,说水旱灾害是和天地一样共存的,无法立即消除,他劝皇上应该用心祈祷,那么百姓的庄稼受灾再重也会感激陛下。最后说,先皇和大臣们都不能为陛下出力,何况作法的又是几个无名之辈,他认为此法不可取。罗隐的话太直率,有讽刺的意味,最后皇上也没有听他的。

罗隐的《蜂》一诗，通过对蜜蜂形象的描写，歌颂了蜜蜂不辞辛苦为他人酿造幸福生活的高尚品质：

不论平地与山尖，无限风光尽被占。采得百花成蜜后，为谁辛苦为谁甜？

无论是平地还是山尖，凡是鲜花盛开的地方，都会被蜜蜂占领。它们采尽百花酿成蜜后，到头来又是在为谁忙碌？为谁酿造醇香的蜂蜜呢？诗歌抓住蜜蜂的特点，不做作，不雕绘，不尚辞藻，虽平淡而有思致，使读者能从这首写蜂的诗中若有所悟，觉得其中寄有人生感喟。有人说此诗实乃感叹世人之劳心于利禄者；有人则认为是借蜜蜂歌颂辛勤的劳动者，而对那些不劳而获的剥削者以无情讽刺。

诗鬼李贺一生写过23首《马诗》，将马写得活灵活现。他又善于以马为喻，驰骋人生。他深深地影响了近世诗人海子的创作，海子诗歌核心意象之一的"以梦为马"就与此有关。来看他的《马诗》（其五）：

大漠沙如雪，燕山月似钩。何当金络脑，快走踏清秋。

《马诗》23首的表现方法总体上属比喻，此诗当然也不例外，而此诗在比兴手法运用上却特有意味。诗的前两句展现出一片富于特色的边疆战场景色，连绵的燕山山岭上，一弯明月当空；平沙万里，在月光下像铺上一层白皑皑的霜雪。这幅战场景色，一般人也许只觉悲凉肃杀，但对于志在报国的人却有异乎寻常的吸引力。作者所处的贞元、元和之际，正是藩镇极为跋扈的时代，而"燕山"暗示的幽州蓟门一带又是藩镇肆虐为时最久、为祸最烈的地带，所以诗意是颇有现实感慨的。思战之意也有针对性，平沙如雪的疆场寒气凛凛，但它是英雄用武之地。所以前两句的写景实启后两句的抒情。后两句借马以抒情：什么时候才能披上威武的鞍具，在秋高气爽的疆场上驰骋，建立功勋呢？有一种企盼把良马当作良马对待,以效大用的心情。这是作者热望建功立业而又不被赏识所发出的嘶鸣。

在咏物诗里,我们发现有一首很特别,它是咏赞技艺高超的绣女的作品。作者胡令能是一个很有传奇色彩的诗人。胡令能(785—826),隐居圃田(河南省中牟县)。家贫,年轻时以修补锅碗盆缸为生,人称"胡钉铰"。传说,有一天,有一个仙人来到胡令能家,脱光胡令能的衣裤,不用麻醉药,先割开他的腹部,鲜血直流,把一卷书放在血肉中;缝上后,又割开胸部,还是鲜血直流,把一卷书放在心脏旁,缝上后只见满地鲜血。仙人离开后,胡令能从此便会写诗了。他的诗语言浅显而构思精巧,生活情趣很浓,都十分生动传神、精妙超凡,不愧是"仙家"所赠之诗作。其《咏绣障》写道:

日暮堂前花蕊娇,争拈小笔上床[1]描。绣成安向春园里,引得黄莺下柳条。

注:[1]床:指绣花时绷绣布的绣架。

首句以静态写物,次句则以动态写人:一群绣女正竞相拈取小巧的画笔,在绣架上开始写生,描取花样。争先恐后的模样,眉飞色舞的神态,都从"争"字中隐隐透出。"拈"是用三两个指头夹取的意思,见出绣女们动作的轻灵,姿态的优美。这一句虽然用意只在写人,但也同时带出堂上的布置:一边摆着笔架,正对堂前的写生对象("花蕊"),早已布置好绣架。三、四句写"绣成"以后绣工的精美巧夺天工:把完工后的绣屏风安放到春光烂漫的花园里去,虽是人工之作,却足以以假乱真,连黄莺都上当了,离开柳枝向绣屏风飞来。末句从对面写出,让乱真的事实说话,不言女红之工巧,而工巧自见。而且还因黄莺入画,丰富了诗歌形象,平添了动人的情趣。诗歌写作新颖,别具一格。

自然界的日月星辰、风雨雷电如此美妙,诗人自然不会放过对它们的眷恋。李峤的一首《风》诗，将无形的风塑造得有模有样：

解落三秋叶，能开二月花。过江千尺浪，入竹万竿斜。

李峤以"风"为题的组诗共有三首，此为其中一首。风，为自然界之物象，本是看不见摸不着，只能经由生命个体用心去感受或通过外物的变化知晓。因此，全诗没有出现一个"风"字，也没有直接描写风之外部形态与外显特点，而是通过外物在风的作用下原质或原态的改变去表现风之柔情与强悍。可见诗人对物态常识的熟知与了然。在这种生活常识的支撑下，诗人熟练地通过外物的形变来显发风之特点，以间接描写来表现风的种种情态，让人真切感受风的温存与魅力。

李峤对唐代律诗和歌行的发展有一定的作用与影响。他前与王勃、杨炯相接，又和杜审言、崔融、苏味道并称"文章四友"。这批人死后，他成了文坛老宿，为时人所宗仰。其诗绝大部分为五言近体，风格近似苏味道而词采过之。唐代曾以汉代苏武、李陵比苏味道、李峤，亦称"苏李"。

风是如此神奇多变，而泉水却默默地滋润人们的心田，储光羲（约706—763）的《咏山泉》，它的内容组合与行文结构颇具特色：

山中有流水，借问不知名。映地为天色，飞空作雨声。转来深涧满，分出小池平。恬澹无人见，年年长自清。

首联叙事点题，紧扣"泉"字，起得平和自然。静寂的深山里，一股清泉徐徐流动，给这僻远之所平添了活气；面对此番景象，诗人真想问山泉有无一个让人记得住的名字，可是无从知晓。其既惊喜又遗憾的心情充溢于字里行间。颔联承接上文，从正面立意，描绘山泉的出俗形象。诗人从广阔的立体空间着笔，生动地摹绘出山泉的澄澈与灵动：它流淌在平地之时，恰似一面新亮的镜子将蔚蓝的天宇尽映水底；它飞泻于山下之际,又如潇潇春雨般泼洒半空,煞是壮观。此联取景清晰,摹象精致,对仗谨严,通过大胆的想象,细腻的刻画,把飘逸的山泉的形象描绘得生动可感。颈联从反面角度立意,转写山泉遭遇冷落的境况:尽管山泉清净而鲜活,可是当它流入深涧,水满溢出,分引到小池的时候,山泉原先的那种清澄和灵气,被这窒息的环境遮盖了,仿佛有谁不愿意看到山泉的"映地"和"飞空"。这些描写,意在为后文蓄势。尾联关合全诗,由叙而议,点明诗旨:山泉的"恬淡"无人关注,可它仍然年复一年,自洁自清,保持着一尘不染的秉性。

储光羲的诗以描写田园山水而著名。如《牧童词》《钓鱼湾》《田家即事》《同王十三维偶然作》《田家杂兴》等,风格朴实,能够寓细致缜密的观察于浑厚的气韵之中,在表现闲适情趣的同时,多少接触到一些农村的现实,生活气息比较浓厚,给人以真切之感。储光羲在创作上努力效法魏晋,而摈弃六朝绮丽之风,形式多五言古体,内容也丰富多样。

中国古代将"梅、兰、竹、菊"称为"四君子",梅花寒冬盛放,兰花清秀,竹子节节高升,菊花淡香,它们足以标榜君子的高尚品格。诗人们借咏歌这"四君子",表达自己的情感。如张九龄的《感遇》:

张九龄雕像

兰叶春葳蕤[1],桂华秋皎洁。欣欣此生意,自尔为佳节。谁知林栖者,闻风坐[2]相悦。草木有本心,何求美人折?

注:[1]葳蕤:枝叶茂盛而纷披。
　　[2]坐:因而。

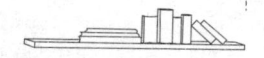

此诗系张九龄遭谗贬谪后所作《感遇》十二首之冠首。诗一开始用整齐的偶句，以春兰秋桂对举，点出无限生机和清雅高洁之特征。泽兰逢春茂盛芳馨，桂花遇秋皎洁清新。三、四句，写兰桂充满活力却荣而不媚、不求人知之品质，春秋自成佳节良辰。五、六句以"谁知"急转引出与兰桂同调的山中隐者来。谁能领悟山中隐士，闻香深生仰慕之情？末两句点出无心与物相竞的情怀。花卉流香原为天性，何求美人采撷扬名？整首诗借物起兴，自比兰桂，抒发诗人气节清高、不求引用之情感，颇有屈原古风。全诗一面表达了恬淡从容超脱的襟怀，另一面忧谗惧祸的心情也隐然可见。诗以草木照应，旨诣深刻，于咏物背后，寄寓着深刻的人生哲理。

又如韩愈《幽兰操》。《幽兰操》又名《猗兰操》，相传最早是孔子所作，琴曲似诉以泣，如怨如愤，把孔子的内心世界抒发得淋漓尽致。孔子在兰的身上寄托了自己全部的思想感情。《幽兰操》是一首优美的兰诗，也是一首幽怨悱恻的抒情曲，历史上和者甚多。韩愈亦仿而作之，其《猗兰操》序云："孔子伤不逢时作。"

兰之猗猗[1]，扬扬[2]其香。不采而佩，于兰何伤？今天之旋，其曷为然。我行四方，以日以年。雪霜贸贸，荠麦之茂。子如不伤，我不尔觐。荠麦之茂，荠麦之有。君子之伤，君子之守。

注：[1] 猗猗：长且美好的样子，形容兰的叶姿优雅绰约。
[2] 扬扬：高举，往上升腾。

诗歌同情孔子生不逢时，寄情兰芳，却又比孔子豁达旷逸："不采而佩，于兰何伤？"这就显得坚强刚毅。作者紧接着联系自己行走四方，积时累年，却事不遇知、行不得安的情况。在这"雪霜贸贸"之中，但见荠麦正萌发始生，一派生机。荠与麦都是秋冬生长，至夏结实。这种上结阴而返、由阳而长的精神给了韩愈以极大鼓舞，人要像幽兰一样，不以无人而不芳;也要如荠麦一样,迎贸贸雪霜而萌发。君子的遭遇,正是表现君子高尚操守的时候和地方。

咏竹之作如杜甫的《咏竹》:

绿竹半含箨[1],新梢才出墙。色侵书帙[2]晚,隐过酒罇凉。雨洗娟娟净,风吹细细香。但令无剪伐,会见拂云长。

注:[1]含箨:包有笋壳。
　　[2]书帙:书套。

这是杜甫赴好友严武家宴饮时同题之作。严武与杜甫最友善,镇剑南时,杜甫因避乱而前往投靠他。

松、竹、梅,历来为人喜爱,称为"岁寒三友"。竹的品性也为人称道。历来咏竹之作,十分丰富。杜甫的《咏竹》,以"竹"为吟咏对象,托物言志,耐人寻味。诗的开篇即写竹的新嫩和勃发的生机。竹的一半还包着笋壳,枝梢才伸出墙头,寥寥几字,写出了"新竹"的特点。接着在颔联突出竹的"色"和"阴",转换了描写的角度。窗外那翠绿的颜色似乎使室内的"书帙"都浸润其中,"侵"字把竹影的渐渐扩大之势写得鲜活可人,富有动感!而书酒相伴,本是惬意之事,再加上竹影移过,那桌上的酒樽也清凉宜人!竹的可爱之态,跃然纸上!陆游写竹:"解箨时闻声簌簌,放梢初见叶离离。"(《新竹》)杜甫这两句,与陆游异曲同工。如果说,前两联,从视觉的角度写竹,那么颈联诗人转而写竹的清香之气,又是从嗅觉的角度描摹了。经雨洗濯的绿竹显得更加秀丽而洁净,微风过处,送来缕缕清香,沁人心脾,身居如此环境,真有欣然忘食、乐而忘忧之感了。以上三联从不同的角度,突出了竹的品性,气完意足。最后一联,作者顺顷势一点:"但令无剪伐,会见拂云长。"人们只要真心爱竹、护竹,不去"剪伐",摧残可爱的新竹,它一定会自然生长到拂云之高!

竹品,即人格。诗人反复状写竹的可爱,意在突出心中所达之意:尊重天性,顺应物性之自然;或者呼吁统治者要呵护人才,而不要随意摧残人才;或者以竹自况,期待朝廷能提携自己,使自己能"致君尧舜上",能为治国平天下奉献绵薄之力……这首咏物之作,托物言志,十分妥帖,状物,形象生动;言志,委婉含蓄。值得认真品味。

再如白居易之作《题李次云窗竹》:

不用裁为鸣凤管[1],不须截作钓鱼竿。千花百草凋零后,留向纷纷雪里看。

注:[1] 鸣凤管:据《列仙传》记载,春秋时萧史善吹箫,能作凤声引凤凰止于其屋,故称"箫"为"鸣凤管"。

《题李次云窗竹》是一首借竹言志、别具情韵的咏竹诗。竹,在历代文人墨客的心目中,向来都是某种精神品格的象征。竹的中通外直、不蔓不枝,象征君子的坦荡磊落、正大光明;竹的节节攀升、步步小结,象征君子的稳重踏实、严谨自励;竹的青翠素淡、冰清玉洁,象征君子的高洁脱俗、卓尔不凡;竹的经寒不凋、修直挺拔,象征君子的高洁脱俗、刚强正直……凡此种种,不一而足。竹,与松、梅并称为"岁寒三友",它象征着高尚、坚韧、虚心等美好品格,在中国诗词文化中具有很高的地位。历来受到文雅之士的喜爱。

白居易这首诗,乍看之下似乎平淡无奇,但若仔细品读就发现其中回味无穷,妙不可言。诗的开头就是一连串比喻描写,这是一种比较创新的方式,前三句的比喻都是为了给最后一句做铺垫,一个"看"字点明了诗的主旨,激发了诗的灵魂,让人无限遐想。"留向纷纷雪里看"看什么?洁白的雪里,唯剩下竹而已。从竹孤立于雪里看到竹的高洁本质。全诗有三个词非常关键——"不用"、"不须"、"留向",前两个词所表达的情感倾向和价值观念与后一个词所表达的形成鲜明的对比,实际上是竹的功利实用的品格与精神品格的对比。

咏竹最著名的诗篇,当数苏东坡的那首《於潜①僧绿筠轩》。宋熙宁六年(1073年)春,苏东坡出任杭州通判时,途经於潜县境"视政"。当时於潜县令刁铸,与苏东坡是同榜进士,交情甚笃。一天,在寂照寺出家的於潜僧慧觉禅师拜见苏东坡,与他一起谈佛论经。苏东坡博学多才,又自称佛门居士,谙熟佛学,使慧觉十分钦佩。两人在"绿筠轩"临窗远眺,只见满目皆是茂林修竹,苍翠欲滴,景色宜人。苏东坡情不自禁地连连叫绝。慧觉禅师见此,知苏东坡已被眼前的绿竹景色所倾倒,就故意逗道:"苏学士,房前屋后栽几株竹子,我们於潜自古以来如此,不过点缀一下而已。"苏东坡摆摆手道:"此言差矣,门前种竹,决非点缀而已,此乃高雅心神之所寄。我这儿有一首好诗赠你。"于是,他即兴挥毫,写下了这首《於潜僧绿筠轩》:

可使食无肉,不可使居无竹。无肉令人瘦,无竹令人俗。人瘦尚可肥,士俗不可医。旁人笑此言,似高还似痴。若对此君[1]仍大嚼,世间那有扬州鹤[2]?

注:[1] 此君:东晋王徽之酷爱竹子,有一次借住在朋友家,立即命人来种竹。人问其故,徽之说:"何可一日无此君。"此君即是竹子。
[2] 扬州鹤:据传说,有四人谈论平生最快意之事,一人希望多财,一人说宁愿骑鹤做神仙,另一人希望作扬州太守。最后一人说:"腰缠十万贯,骑鹤上扬州。"意思是三者得兼。东坡此句意思也是说:若对着竹子还大嚼猪肉,岂不是太狂妄了?世间哪有扬州太守与骑鹤化仙两者得兼之事?既作风流太守就不可能成仙。同样的,赏竹雅士岂能对竹大嚼!"扬州鹤"就被后人用来代表十全十美的、完全合乎理想的事物,也是奢望的代名词。那,即"哪"。

文似看山不喜平。诗中议论,出语精警,发人深省。如果全诗都是

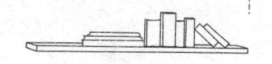

---

① 於潜:县名,在今浙江省。

议论，便有平直之嫌、说教之讥。因而诗又出新意，将那种"不可医"的"俗士"站出来作自我表演，干脆来个以丑卖丑："旁人笑此言，似高还似痴"，这个"旁人"，就是前面提到的那种"俗士"。他听了诗人的议论，大不以为然。他虽然认为"不可使居无竹"是十足的迂阔之论、腐儒之见，但在口头上却将此论说成"似高、似痴"，从这模棱两可的语气里，显示了俗士的故作乖张，他绝不肯在论辩中作决绝之语而树敌。

这首诗以五言为主，以议论为主。但由于适当采用了散文化的句式（如"不可使居无竹"、"若对此君仍大嚼"等）以及赋的某些表现手法（如以对白方式发议论等），因而能于议论中见风采，议论中有波澜，议论中寓形象。苏轼极善于借题发挥，有丰富的联想力，能于平凡的题目中别出新意，吐语不凡，此诗即是一例。

诗人郑板桥是著名画家，他画的竹子特别有名，《竹石①》是他题写在竹石画上的一首诗：

咬定青山不放松，立根原在破岩中。千磨万击还坚劲，任尔东西南北风。

这首赞美了岩竹的题画咏物诗，开头用"咬定"二字，把岩竹拟人化，已传达出它的神韵；后两句进一步写岩竹的品格，它经过了无数次的磨难，长就了一身特别挺拔的姿态，从来不惧怕来自东西南北的狂风。作者不但写咏竹诗美，而且画出的竹子也栩栩如生，用他的话说是"画竹子以慰天下劳人"。所以这首诗表面上写竹，其实是写人，写作者自己那种正直倔强的性格，决不向任何权势低头的高傲风骨。同时，这首诗还馈赠给我们一种生命的感动。在曲折恶劣的环境中，战胜困难，面对现实，应该像岩竹一样刚强勇敢。

而描写菊花的名作则有元稹的《菊花》：

---

① 竹石：扎根在石缝中的竹子。

秋丛[1]绕舍似陶家[2],遍绕篱边日渐斜。不是花中偏爱菊,此花开尽更无花。

注:[1]秋丛:即丛丛的秋菊。
　　[2]陶家:指东晋陶渊明家。

菊花,不像牡丹那样富丽,也没有兰花那样名贵。作为傲霜之花,它一直受人偏爱。有人赞美它坚强的品格,有人欣赏它高洁的气质,而元稹的这首咏菊诗,则别出新意地道出了他爱菊的原因。咏菊,一般要说说菊花的可爱。但诗人既没列举"金钩挂月"之类的形容词,也未描绘争芳斗艳的景象。而是用了一个东晋陶渊明爱菊的典故:将植菊的地方比作"陶家",秋菊满院盛开的菊景如此美妙怎能不令人陶醉?"遍绕篱边日渐斜",诗人完全被眼前的菊花所吸引,专心致志地绕篱观赏,以至于太阳西斜都不知道。诗人赏菊入迷、流连忘返的情景真切地表现出来,渲染了爱菊的气氛。

元 稹

诗人为什么如此着迷地偏爱菊花呢?三、四两句点明了原因:"不是花中偏爱菊,此花开尽更无花。"菊花在百花之中是最后凋谢的,一旦菊花谢尽,便无花景可赏,人们爱花之情自然都集中到菊花上来。因此,作为后凋者,它得天独厚地受人珍爱。

梅花是所有咏物诗中的重磅戏,数不尽的文人都写过赞美梅花的篇章。林逋就是其中之一。林逋(967—1028),字君复,浙江大里黄贤村人。幼时刻苦好学,通晓经史百家。书上记载:他性格孤高,喜恬淡,勿趋荣利。长大后,曾漫游江淮间,后隐居杭州西湖,结庐孤山。常驾小舟遍游西湖诸寺庙,与高僧诗友相往还。每逢客至,叫门童子就纵鹤放飞,

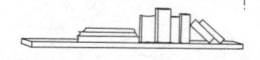

林逋见鹤必棹舟归来。作诗随就随弃，从不留存。死后，宋仁宗赐谥"和靖先生"。林逋善于绘事，惜画从不传。工行草，书法瘦挺劲健，笔意类欧阳询、李建中而清劲处尤妙。林逋的诗，语孤峭涞澹，自写胸意，多奇句，而未尝存稿。其诗风格澄澈淡远，多写西湖的优美景色，反映隐逸生活和闲适情趣。下面是林逋的《山园小梅》：

众芳摇落独暄妍，占尽风情向小园。疏影横斜水清浅，暗香浮动月黄昏。霜禽欲下先偷眼，粉蝶如知合断魂。幸有微吟可相狎，不须檀板共金樽。

林逋种梅养鹤成癖，终身不娶，世称"梅妻鹤子"，所以他眼中的梅含波带情，笔下的梅更是引人入胜。《山园小梅》写百花凋零，独有梅花迎着寒风昂然盛开，那明媚艳丽的景色把小园的风光占尽。稀疏的影儿，横斜在清浅的水中，清幽的芬芳浮动在黄昏的月光之下。寒雀想飞落下来时，先偷看梅花一眼；蝴蝶如果知道梅花的妍美，定会销魂失魄。幸喜我能低声吟诵，和梅花亲近，用不着俗人敲着檀板唱歌，执著金杯饮酒来欣赏它了。诗人直抒胸臆，清丽词句，写出孤芳自赏之情操趣味。

年过半百、对政治早已心灰意懒的王安石，已经历了两次辞相两次再任，非常郁闷。他便以梅花寄托自己的遭遇。在北宋极端复杂和艰难的局势下，王安石积极改革，但得不到支持，其孤独心态和艰难处境，与梅花自然有共通的地方。下面这首小诗《梅花》意味深远，而语句又十分朴素自然，没有丝毫雕琢的痕迹：

墙角数枝梅，凌寒独自开。遥知不是雪，为有暗香来。

林逋的《山园小梅》被赞为咏梅的绝唱，但他的咏梅诗，表现的不过是脱离社会现实自命清高的思想。王安石此诗则不同，他巧妙地借用了林逋的诗句，却能推陈出新。你看他写的梅花，洁白如雪，长在墙角但毫不自卑,远远地散发着清香。诗人通过对梅花不畏严寒的高洁品性的赞赏,用雪喻梅的冰清玉洁,又用"暗香"点出梅胜于雪,说明坚强高洁的人格所具有的伟大的魅力。这首小诗意味深远,而语句又十分朴素自然,没有丝毫雕琢的痕迹。

再如王冕的一首题画诗《墨梅①》:

我家洗砚池头树,朵朵花开淡墨痕。不要人夸颜色好,只留清气满乾坤。

王冕(1287—1359),自称煮石山农、放牛翁、会稽外史、梅花屋主、九里先生、江南古客、江南野人、山阴野人、浮萍轩子、竹冠草人、梅叟、煮石道者、老村、梅翁等。他以画梅著称,尤攻墨梅。他画的梅简练洒脱,别具一格,对我国绘画的发展作了很大的贡献。在《黑梅》中,诗人赞美墨梅不求人夸,只愿给人间留下清香的美德,实际上是借梅自喻,表达自己对人生的态度以及不向世俗献媚的高尚情操。开头两句"我家洗砚池头树,朵朵花开淡墨痕"直接描写墨梅。画中小池边的梅树,花朵盛开,朵朵梅花都是用淡淡的墨水点染而成的。三、四两句盛赞墨梅的高风亮节。它由淡墨画成,外表虽然并不娇妍,但具有神清骨秀、高洁端庄、幽独超逸的内在气质;它不想用鲜艳的色彩去吸引人,讨好人,求得人们的夸奖,只愿散发一股清香,让它留在天地之间。

王冕自称为煮石山农、煮石道者,这称号让人听来费解,让我们不禁想起了在他之后不久的那位写"煮石灰"的于谦。于谦(1398—1457),进士出身,因参与平定汉王朱高煦谋反有功,得到明宣宗器重,担任明朝山西、河南巡抚。明英宗时期,因得罪宦官王振下狱,后释放,起为兵部侍郎。"土木堡之变"后,于谦继任兵部尚书,指挥明军取得京师保卫战的胜利。代宗朝,于谦官至少保、太子太傅,世称于少保。英宗发动"夺

---

① 墨梅:水墨画的梅花。

门之变"并成功复辟后,于谦被诬陷下狱而冤死。成化年间获得平反。于谦与岳飞、张煌言并称"西湖三杰"。他的《石灰吟》写出了他的操守和决心:

千锤万凿出深山,烈火焚烧若等闲。粉骨碎身浑不怕,只留清白在人间。

这首《石灰吟》是托物言志诗。作者以石灰作比喻,表达自己为国尽忠、不怕牺牲的意愿和坚守高洁情操的决心。作为咏物诗,若只是事物的机械实录而不寄寓感怀,那就没有多大价值。这首诗的价值就在于处处以石灰自喻,咏石灰即是咏自己磊落的襟怀和崇高的人格。首句"千锤万凿出深山"是形容开采石灰石很不容易。次句"烈火焚烧若等闲","烈火焚烧",当然是指烧炼石灰石。加"若等闲"三字,又使人感到不仅是在写烧炼石灰石,它还象征着志士仁人无论面临着怎样严峻的考验,都从容不迫、视若等闲的心态。第三句"粉身碎骨浑不怕","粉身碎骨"极形象地写出将石灰石烧成石灰粉,而"浑不怕"三字又使我们联想到其中可能寓有不怕牺牲的精神。至于最后一句"要留清白在人间"更是作者在直抒情怀,立志要做正直之人。

古人很喜欢咏物,仅《全唐诗》就存有咏物诗6021首,初唐504首,盛唐746首,中唐1455首,晚唐3556首。自然界中的万物,大至山川河岳,小至花鸟虫鱼,都可以成为诗人描摹歌咏的对象。他们在细致描摹的同时,寄托自己的感情。"咏物隐然只是咏怀,盖个中有我也"(刘熙载《艺概》)。咏物诗的特点在于托物言志。

古人说写咏物诗要做到"不即不离",就是说既不停留在事物的表面(不滞于物),又要切合所咏之物的特点(曲尽其妙)。古人激赏林逋的"疏影横斜水清浅,暗香浮动月黄昏",就是因为作者通过月下水边的梅枝横斜的侧影,写出它凛然冰清的神态品格。

第八章

天生我材必有用——咏怀篇

咏怀诗是指吟咏抒发个人怀抱情志的诗。它所表现的是诗人对于现实世界的领悟,对于生命存在的思索,对个体生命的把握,以及对未来的憧憬等。古代的咏怀诗,如果要再进一步分类的话,可以分为以下三个类型:

第一个类型是淑世情怀。淑世者忧国忧民、负荷担道,志在修身齐家治国平天下。刘邦的《大风歌》、曹操的《龟虽寿》、陈子昂的《登幽州台歌》尤为悲戚地表达了这样一种情怀,韩愈的《左迁至蓝关示侄孙湘》、李贺的《南园》等都属于这一类。

第二个类型是超世情调。超世情调者其精神超越于污浊的世俗之外,进入一个逍遥自在、自我陶醉的世界,这种对人生的体悟可能是一种道家精神的具化,也可能是一种佛家精神的感召。如六祖慧能的《无题》:"菩提本无树,明镜亦无台。本来无一物,何处惹尘埃。"王维的《酬张少府》、黄檗禅师的《上堂开示颂》、灵云志勤禅师的《三十》、拾得的《云山》、布袋和尚的《插秧诗》等都明显带有这样一种求得觉悟的情怀。

第三个类型是游世情趣。游世之人都是浪漫之士,他们怀志于日月星辰、江河大山之间;寄情于当下感怀、人生苦短的感触。最为典型的就是李白的《将进酒》:"人生得意须尽欢,莫使金樽空对月。天生我材必

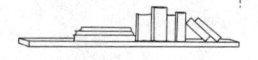

有用,千金散尽还复来。"再有卢梅坡的《雪梅》、曹雪芹的《好了歌》等都属这类。

我们先来看一下淑世情怀的诗作吧。刘邦的《大风歌》是一首震烁古今、风格豪放雄壮又充满着质朴之情的名作。汉高祖十六年(前196年),汉高祖刘邦东征淮南王黥布(也叫英布)的叛乱,回归途中,经过沛县。他邀集家乡旧友和父老兄弟,席间由120人歌唱助兴,刘邦击筑伴奏,气氛极为热烈,和大家一起饮酒,在宴席上他唱起这首《大风歌》,抒发了他的政治抱负,也表达了他对国事忧虑的心情:

刘邦像

大风起兮云飞扬,威加海内兮归故乡,安得猛士兮守四方?

诗的第一句是起兴,也是象征,它高度地浓缩了刘邦扫除群雄,建功立业的不凡历史和他奋其智勇的风云际会,生动地描绘了目下创业初定的一片胜利气象和他又奏凯旋,衣锦还乡的愉悦心理。大风吹起来啊云彩飞扬,这局势的发展、变幻是可等的快速而尽如人意呀!

诗的第二句是言志,也是纪实,《高祖本纪》中曾写道:"高祖常徭咸阳,从观,观秦皇帝,喟然太息曰:'嗟乎!大丈夫当如此也!'"青年时代的刘邦就羡慕秦始皇,怀有征服天下的大志。这里的海内,即天下,古人误为中国四面是海,故称中国为海内。威,指威力,武力。加,强加,凌驾。威加海内的大志,如今已经实现,回想当年的斩蛇起义,西进洛阳,四年来的楚汉之争,缓和平息匈奴的侵扰,为巩固中央集权统治而断然铲除异姓王,分封同姓王,接着又平定了英布的反叛,真是威震天下,荣归故里啊。此句表现出一个封建时代的开国君主对大业已就的踌躇满志,对回归故乡的炫饰和对未来励精图治的笃信。这一句简质雄浑,气魄博大,非同凡响。

第三句是真实的体验,也是精心的部署。安得,怎能得到。猛士,英勇的将士。进一步表明作者并没有满足已取得的胜利,没有一味陶醉在衣锦还乡的酣梦里,他希望所有英勇的将士能守卫住四方,以防止一切坏人的谋图不轨。创业难,守业更难,汉高祖刘邦深深懂得了夺取政权的艰辛和进一步巩固政权的重要。这是他对未来的忧患思虑和对群臣、子弟的再三叮嘱,一个有能力的封建帝王的韬略和雄姿,至此全面地绘形绘声地刻画出来了。

然而,读曹操的《龟虽寿》,不难发现作品蕴含中的哲理及诗人的人生感悟。全诗笔调兴致淋漓,有一种真挚而浓烈的感情力量。写这一首诗时,曹操刚击败袁绍父子,平定北方乌桓,踌躇满志,乐观自信,充满建功立业的豪情壮志,给文坛带来了自由活跃的空气:

神龟虽寿,犹有竟时;腾蛇乘雾,终为土灰。老骥[1]伏枥[2],志在千里;烈士[3]暮年,壮心不已。盈缩[4]之期,不但在天;养怡之福,可得永年。幸甚至哉[5],歌以咏志。

注:[1] 骥:良马,千里马。
[2] 枥:马槽。
[3] 烈士:有远大抱负的人。
[4] 盈缩:原指人的寿星的长短变化,现指人寿命的长短。
[5] 幸甚至哉:两句是合乐时加的,跟正文没关系,是乐府诗的一种形式性结尾。

这首诗约作于建安十三年(208年)初,此时曹操已经五十三岁了。他不由想起了人生的路程,所以诗一开头便无限感慨地吟道:"神龟虽寿,犹有竟时;腾蛇乘雾,终为土灰。"《庄子·秋水篇》说:"吾闻楚有神龟,死已三千岁矣。"曹操反其意而用之,说神龟纵活三千年,可还是难免一死呀!《韩非子·难势篇》记载:"飞龙乘云,螣蛇游雾,云罢雾霁,而龙蛇与同矣!""螣蛇"和龙一样能够乘云驾雾,本领可谓大矣!然而,它们和苍蝇蚂蚁一样,终究都会灰飞烟灭!古来雄才大略之主如秦皇汉武,服食求仙,亦不免于神仙长生之术的蛊惑,而独曹操对生命的自然规律有清醒的认识,这在谶纬迷信猖炽的时代是难能可贵的。更可贵的是曹操对待这有限人生的态度。曹操一扫汉末文人感叹浮生若梦、劝人及时行乐的悲调,慷慨高歌曰:"老骥伏枥,志在千里。烈士暮年,壮心不已。"曹操自比一匹上了年纪的千里马,虽然形老体衰,屈居枥下,但胸中仍然激荡着驰骋千里的豪情。《龟虽寿》的价值在于它开辟了一个诗歌的新时代。

曹操平定了北方割据势力,控制了朝政。他又亲率八十三万大军,直达长江北岸,准备渡江消灭孙权和刘备,进而统一全中国。建安十三年(208年),冬十一月十五日,天气晴朗,风平浪静,曹操下令晚上在大船上摆酒设乐,款待众将。到了晚上,天空的月亮非常明亮,长江宛如横飘的一条素带。再看船上众将,个个锦衣绣袄,好不威风。接着,他吟唱道:

对酒当歌,人生几何?譬如朝露,去日苦多。慨当以慷,忧思难忘。何以解忧?唯有杜康。青青子衿,悠悠我心[1]。但为君故,沉吟至今。呦呦鹿鸣,食野之苹。我有嘉宾,鼓瑟吹笙[2]。明明如月,何时可掇[3]?忧从中来,不可断绝。越陌度阡,枉用相存。契阔谈䜩[4],心念旧恩。月明星稀,乌鹊南飞。绕树三匝[5],何枝可依。山不厌高,海不厌深。周公吐哺,天下归心。

注:[1]"青青子衿,悠悠我心"句:出自《诗经·郑风·子衿》。

[2]"呦呦鹿鸣,食野之苹"句。我有嘉宾,鼓瑟吹笙:出自《诗经·小雅·鹿鸣》。

[3]掇:拾取。

[4]讌:同"宴"。

[5]匝:周,圈。

全诗第一节抒写诗人人生苦短的忧叹。诗人生逢乱世,目睹百姓颠沛流离,肝肠寸断,渴望建功立业而不得,因而发出人生苦短的忧叹。这一点可从他的《蒿里行》"白骨露于野,千里无鸡鸣。生民百遗一,念之断人肠"得到佐证。第二节抒写诗人对贤才的渴求。第三节抒写诗人对贤才难得的忧思和既得贤才的欣喜。第四节抒写诗人对犹豫不决的贤才的关切和渴望天下贤才尽归自己的抱负。诗人希望他们不再犹豫,赶紧到自己这边来。用《管子·形解》中渴求人才的话和"周公吐哺"的典故点明了全文的主旨。突出地表现了作者求贤若渴的心情。全诗以感慨开始,继之以慷慨、沉吟,再继之以忧愁、开朗。一忧一喜,忽徐忽急,以如歌的行板倾诉了作者慷慨激昂的情怀。

从对人才渴求的角度看,《短歌行》与《大风歌》有相通之处。总之,这首诗充满了深沉的忧叹,洋溢着积极进取的精神,激荡着慷慨激昂的感情,给人以鼓舞和力量。

比曹操晚几百年的陈子昂,是位非常著名的诗人。但他的经历要比曹操坎坷得多。陈子昂在青年时,就离开家乡来到京城长安,虽然他胸藏锦绣,才华横溢,却无人赏识。这天,陈子昂在街上闲游,忽然看见一位老者在街边吆喝:"上好的铜琴,知音者快来买呀!"陈子昂便走过去,看到这把琴确实是好琴,便对老者说:"老伯,我想买这把琴,你老出个价吧……"老者把陈子昂打量一番后说:"先生果真想买这把琴吗?我看先生举止不俗,定非寻常之辈,实话对你说,别人买不能少于三千钱,先生若买就两千钱吧。只要这把琴寻到真正知音之人,能够物尽其用,老朽也就心安了……"其实,一把琴两千钱在当时也是天价了,陈子昂却毫不犹豫地将琴买下了。围观的人见这位书生花这么多钱买了一把琴,都觉得这"琴"、这"人"都有些不凡!陈子昂看看众人说:"在下陈子昂,略通琴技,明天我要在寓所宣德里为大家演奏,敬请各位莅临……"

这件事很快就传开了,第二天一早,很多人都来听琴,其中不乏文人骚客,各界名流。

陈子昂弃琴塑像

陈子昂抱琴出场,对观者抱拳一揖道:"感谢各位捧场,但我陈子昂弹琴是假,摔琴是真!"话音刚落,陈子昂将琴高高举起当众"啪"地往地上一摔,立刻弦断琴碎,把众人惊得个个目瞪口呆!陈子昂朗声笑道:"我陈子昂自幼刻苦读书,经史子集烂熟于心,诗词歌赋,长文短句,件件做得用心,但我却处处遭人冷遇。今日借摔琴之由让众位读一读我的诗文,这才是我的真正目的……"陈子昂说罢,从箱子里取出大叠诗词文稿,分发给在场的人。在场的一些名流看了陈子昂的诗文后,个个感叹不已。这一首首诗、一篇篇文章果然字字珠玑,精美绝伦!

于是,陈子昂的名字和他的锦绣诗文便在京城传开了!后来,陈子昂的诗名传到了朝廷里,他终于得到了重用。

陈子昂的《登幽州台①歌》，通过对"幽州台"的咏怀，写出了诗人"怀才不遇"之感。该诗风格明朗刚健，是具有"汉魏风骨"的唐代诗歌的先驱之作，对扫除齐梁浮艳纤弱的形式主义诗风具有拓疆开路之功。

前不见古人，后不见来者。念天地之悠悠[1]，独怆然[2]而涕下。

注：[1] 悠悠：形容时间的久远和空间的广大。
　　[2] 怆然：悲伤的样子。

这首诗没有对幽州台作一字描写，而只是登台的感慨，却成为千古名篇。诗的前三句粗笔勾勒，以浩茫宽广的宇宙天地和沧桑易变的古今人事作为深邃、壮美的背景加以衬托。第四句饱蘸感情，凌空一笔，使抒情主人公——诗人慷慨悲壮的自我形象站到了画面的主位上，画面顿时神韵飞动，光彩照人。在艺术上，《登幽州台歌》意境雄浑，视野开阔，使得诗人的自我形象更加鲜亮感人。全诗语言奔放，富有感染力，虽然只有短短四句，却在人们面前展现了一幅境界雄浑、浩瀚空旷的艺术画面。

写《枫桥夜泊》的张继的一生，比起陈子昂要不幸得多。张继（约715—779），字懿孙，襄州人（今湖北襄阳人）。关于他，我们所知不多，据多种史料记载，他为天宝十二年（753年）进士。在此以前多少次科举考试都未成功，以至于愁眠到天明。他的《枫桥夜泊》一诗，就写了这样的情境：

月落乌啼霜满天，江枫渔火对愁眠。姑苏城外寒山寺，夜半钟声到客船。

秋天的夜晚，一艘远道而来的客船停泊在苏州城外的枫桥边。明月

---

① 幽州台：即黄金台，又称蓟北楼，故址在今北京市大兴。燕昭王为招纳天下贤士而建。

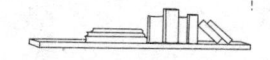

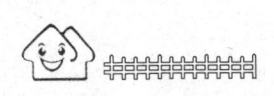

已经落下,几声乌鸦的啼叫、满天的寒霜、江边的枫树、点点的渔火,这清冷的水乡秋夜,陪伴着舟中的游子,让他感到十分凄凉。此诗只用两句话,就写出了诗人所见、所闻、所感,并绘出了一幅凄清的秋夜羁旅图。但此诗更具神韵的却是后两句,那寒山寺的夜半钟声,不但衬托出夜的宁静,更在重重地撞击着诗人那颗孤寂的心灵,让人感到时空的永恒和寂寞,产生出有关人生和历史的无边遐想。这种动静结合的意境创造,最为典型地传达了中国诗歌艺术的韵味。整体上看来,张继的诗爽朗激越,不事雕琢,比兴幽深,事理双切,对后世颇有影响。

在淑世情怀这类诗中,有相当一部分诗的作者在现实之中总是人生不顺,他们往往借助诗歌的力量,表达激扬向上的情绪。如刘禹锡的《酬①乐天扬州初逢席上见赠》:

巴山楚水凄凉地,二十三[1]年弃置身[2]。怀旧空吟闻笛赋[3],到乡翻似烂柯人[4]。沉舟侧畔千帆过,病树前头万木春。今日听君歌一曲,暂凭杯酒长精神。

注:[1] 二十三年:从唐顺宗永贞元年(805年)刘禹锡被贬为连州刺史到写此诗时,共22个年头,因第二年才能回到京城,所以说23年。
[2] 弃置身:指遭受贬谪的诗人自己。
[3] 闻笛赋:指西晋向秀的《思旧赋》。三国曹魏末年,向秀的朋友嵇康、吕安因不满司马氏篡权而被杀害。后来,向秀经过嵇康、吕安的旧居,听到邻人吹笛,勾起了对故人的怀念。序文中说:自己经过嵇康旧居,因写此赋追念他。刘禹锡借用这个典故怀念已死去的王叔文、柳宗元等人。
[4] 烂柯人:指晋人王质。相传晋人王质上山砍柴,看见两个童子下棋,就停下观看。等棋局终了,手中的斧把已经朽烂。回到村里,才知道已过了一百年。同代人都已经亡故。作者以此典故表达自己遭贬23年的感慨。刘禹锡也借这个故事表达世事沧桑、人事全非、暮年返乡恍如隔世的心情。

① 酬:答谢,这里是以相答的意思。

这首诗是刘禹锡于敬宗宝历二年(826年)冬写的,是诗人在罢和州刺史后回归洛阳,途经扬州,与罢苏州刺史后也回归洛阳的白居易相会时的作品。诗的首联以伤感低沉的情调,回顾了诗人的贬谪生活。颔联,借用典故暗示诗人被贬时间之长,表达了世态的变迁以及回归以后生疏而怅惘的心情。颈联是全诗感情升华之处,也是传诵千古的警句。诗人把自己比作"沉舟"和"病树",意思是自己虽屡遭贬低,新人辈出却也令人欣慰,表现出他豁达的胸襟。尾联顺势点明了酬答的题意,表达了诗人重新投入生活的意愿及坚韧不拔的意志,点明了酬答白居易的题意。全诗诗情起伏跌宕,沉郁中见豪放,实乃难得的优秀之作。

欣赏了刘禹锡的《酬乐天扬州初逢席上见赠》,我们再来看看宋代改革家王安石那首高瞻远瞩的《登飞来峰①》:

飞来山上千寻[1]塔,闻说鸡鸣见日升。不畏浮云[2]遮望眼,自缘[3]身在最高层。

注:[1] 千寻:极言塔高。古以八尺为一寻。
[2] 浮云:暗喻奸佞的小人。
[3] 缘:因为。

诗的第一句"飞来峰上千寻塔",八尺是一寻,千寻塔是极言塔高。第二句"闻说鸡鸣见日升"的"闻说",就是"听说"。作者说:我登上飞来峰顶高高的塔,听说每天黎明鸡叫的时候,在这儿可以看见太阳升起。第三、四句写自己身在塔的最高层,站得高自然看得远,眼底的景物可以一览无余,不怕浮云把视线遮住。

这首诗与一般的登高诗不同。这首诗没有过多地写眼前之景,只写了塔高,重点是写自己登临高处的感受,寄寓"站得高才能望得远"

---
① 飞来峰:浙江绍兴城外的宝林山。

的哲理。"不畏浮云遮望眼,只缘身在最高层"与苏轼的"不识庐山真面目,只缘身在此山中"异曲同工,表现技法极为相似,王诗是就肯定方面而言,比喻"掌握了正确的观点和方法,认识达到了一定的高度,就能透过现象看到本质,就不会被事物的假象迷惑"。而苏轼则是就否定方面而言的,比喻"人们之所以被事物的假象所迷惑,是因为没有全面、客观、正确地观察事物,认识事物"。两者都极具哲理性,常被用作座右铭。

朱熹(1130—1200)是南宋的哲学大师,字元晦,一字仲晦,号晦庵、晦翁、考亭先生、云谷老人、沧州病叟、逆翁,祖籍江南东路徽州府婺源县(今江西省婺源),出生于南剑州尤溪。著名的理学家、思想家、哲学家、教育家、诗人,闽学派的代表人物,世称朱子,是孔子、孟子以来最杰出的弘扬儒学的大师。他在读书做学问的时候,就悟出了些哲理,于是写下了《观书有感》:

半亩方塘一鉴开,天光云影共徘徊。问渠哪得清如许,为有源头活水来。

这是一首极其有艺术哲理性的小诗。人们在品味书法作品时,时常有一种神采飞扬的艺术感觉,诗中就是以象征的手法,将这种内心感觉化作可以感触的具体形象加以描绘,让读者自己去领略其中的奥妙。所谓"源头活水",当指书写者内心不竭的艺术灵感。

述志诗是淑世情怀中最悲壮的一种形态,如文天祥的《过零丁洋》就是其中的代表。文天祥(1236—1283),吉州庐陵(今江西青原区)人,著名抗元

文天祥雕像

英雄。他受俘期间,元世祖以高厚禄诱降,他宁死不屈,从容赴义。我们就来看这首《过零丁洋》:

辛苦遭逢[1]起一经[2],干戈寥落[3]四周星[4]。山河破碎风飘絮,身世浮沉雨打萍[5]。惶恐滩[6]头说惶恐,零丁洋[7]里叹零丁。人生自古谁无死?留取丹心照汗青[8]。

注:[1] 遭逢:遭遇到朝廷选拔。
　　[2] 起一经:指因精通某一经籍而通过科举考试得官。
　　[3] 干戈寥落:寥落意为冷清,稀稀落落。
　　[4] 四周星:四年。
　　[5] 雨打萍:比喻自己身世坎坷,如同雨中浮萍,漂泊无根,时起时沉。
　　[6] 惶恐滩:在今江西万安赣江,水流湍急,极为险恶,为赣江十八滩之一。
　　[7] 零丁洋:即"伶仃洋",在广东省中山南的珠江口。
　　[8] 汗青:古代在竹简上写字,先以火炙烤竹片,以防虫蛀。因竹片水分蒸发如汗,故称书简为汗青,也作杀青。这里特指史册。

诗的开头,回顾身世。意在暗示自己是久经磨炼,无论什么艰难困苦都无所畏惧。接着追述战斗生涯,把个人命运和国家兴亡联系在一起了。三、四句承上从国家和个人两个方面,继续抒写事态的发展和深沉的忧愤。这一联对仗工整,比喻贴切,真实反映了当时的社会现实和诗人的遭遇。国家民族的灾难,个人坎坷的经历,煎熬着万般痛苦的诗人,使其言辞倍增凄楚。五、六句喟叹更深,以遭遇中的典型事件,再度展示诗人因国家覆灭和已遭危难而战栗的痛苦心灵。结尾两句以磅礴的气势收敛全篇,写出了宁死不屈的壮烈誓词,意思是:自古以来,人生哪有不死的呢?只要能留得这颗爱国忠心照耀在史册上就行了。这句千古传诵的名言,是诗人用自己的鲜血和生命谱写的一曲理想人生的赞歌。全诗格调沉郁悲壮,浩然正气贯长虹,确是一首惊天地、泣鬼神的伟大诗篇。

咏怀诗的第二大类是超世情调。六祖惠能的开悟之偈很有代表性。惠能(638—713),俗姓卢,唐代岭南新州(今广东新兴县)人。得黄梅禅宗五祖弘忍传授衣钵,继承东山法门,为禅宗第六祖,唐中宗追谥大鉴禅师,是中国历史上有重大影响的佛教高僧之一。惠能禅师的真身,供奉于广东韶关南华寺的灵照塔中。他的开悟之偈如下:

菩提本无树,明镜亦非台。本来无一物,何处惹尘埃。

短短四句偈颂主要是从"应无所住,而生其心"而出,要去一切执著,也就是佛所说的意思:"一切众生,皆有如来智慧德相,但以妄想执著不能证得。"此外就教人放下执著。因为一切变化如流,只有明白这点,生命的意义才会真正显示出来。这种超世情调的大智慧非一般的大师能够证悟。

另外,黄檗禅师的《上堂开示颂》也很有代表性。黄檗禅师(?—855),福建福清寺僧人,幼年在本州黄檗山出家。他的《上堂开示颂》中的名句为后世传诵:

尘劳迥脱事非常,紧把绳头做一场。不是一番寒彻骨,怎得梅花扑鼻香?

这是一首借梅花傲雪迎霜、凌寒独放的性格,勉励人克服困难、立志成就事业的格言诗。关于梅花,宋范成大《梅谱·前序》说:"梅,天下之尤物,无问智愚贤不肖,莫敢有异议。""尤物"指梅是一种品质高出群芳的植物。可见,作者用梅花来象征一种精神;只有经受"彻骨寒",最终才能获得"扑鼻香",说出了人对待一切困难所应采取的正确态度。这也是后两句诗极为有名,屡屡被人引用,从禅宗诗偈成为世俗名言的主要原因。

佛法的智慧有道不尽的玄机,关于僧人也有很多美妙的传说。唐代的丰干禅师,住在天台山国清寺。一天,他在松林漫步,山道旁忽然传来小孩啼哭声音。他寻声一看,原来是一个稚龄的小孩,衣服虽不整,但相貌奇伟。他问了附近村庄人家,没有人知道这是谁家的孩子。丰干禅师不得已,只好把这男孩带回国清寺,等待人家来认领。因他是丰干禅师捡回来的,所以大家都叫他"拾得"。拾得后来成为一位著名的高僧,他的诗《云山》写道:

云山叠叠几千重,幽谷路深绝人踪。碧涧清流多胜境,时来鸟语合人心。

这首《云山》,写山间惬意美景,实则是拾得内心的一面镜子。作者的这首山居诗,表达诗僧身居漳山,学佛参禅的心境。

再说一位北宋开宝年间(968—975)的大师清豁,他博学能文,精通佛典,以高行受知于武宁军节度使陈洪进,以名上宋太祖,被赐号"性空禅师"。他在漳、泉二州颇负盛名,当权者及名流们争相罗致。清豁遂来往于大吏和名士之间。没过多久,他感觉心中不快,以为远远不如自己原来在山林中优游清净,便又毅然地返回深山,继续隐居修性,之后写下《归山吟寄友》:

聚如浮沫散如云,聚不相将散不分。入郭当时君是我,归山今日我非君。

从内容来看,这首诗是写给一位曾经与作者一同隐居的朋友。那人也已入郭奔走,迄今未归山。作者在寄赠给他的七言诗中,对他不无微词,也算是对朋友的规劝和开导。诗写得浅显平易,亲切柔和,比喻亦颇贴切。

宋代另一位诗人则之,大约公元1050年前后在世。字彝老,俗姓杨,外冈(今上海市嘉定县)人。出家后,他殚精求学,律己甚严,曾向著

名高僧怀琏学佛经,向诗僧清顺学诗词,均极有收获。他诗写得很好,如《雪霁观梅》:

荒园晚景敛寒烟,数片清新破雪边。幽艳有谁能画得,冷香无主赖诗传。看来最畏前村笛,折去休逢野渡船。向晚十分终更好,静兼江月淡娟娟。

雪霁指落雪已停,天气开朗。这首写梅花的诗措辞十分精炼,用典也很贴切,对仗工稳,韵律柔和。描写雪中梅花的幽艳和冷香,颇为传神,象征着人生的一种精神。

咏怀诗的第三种类型是游世情趣。生而在世,人生几何?且听《古诗十九首》中《今日良宴会》是怎么唱的:

今日良宴会[1],欢乐难具陈。弹筝奋逸[2]响,新声[3]妙入神[4]。令德[5]唱高言[6],识曲听其真[7]。齐心同所愿,含意俱未申。人生寄一世,奄忽若飙尘[8]。何不策高足[9],先踞要路津[10]?无为守穷贱,轗轲长苦辛。

注:[1] 良宴会:犹言热闹的宴会。

[2] 奋逸:不同凡俗的音响。

[3] 新声:指当时最流行的曲调,指西北邻族传来的胡乐。

[4] 妙入神:称赞乐调旋律达到高度的完满调和。

[5] 令德:有高尚美德的人,就是指知音者。

[6] 唱高言:犹言首发高论。

[7] 真:谓曲中真意。指知音的人不仅欣赏音乐的悦耳,而是能用体会所得发为高论。

[8] 飙尘:指狂风里被卷起来的尘土。用此比喻人生,言其短促、空虚。

[9] 高足:良马的代称。

[10] 据要路津:是说占住重要的位置。

诗歌写得很别致。全诗十四句,是主人公一口气说完的,这当然很质直。所说的内容,不过是在宴会上听曲以及他对曲意的理解,这当然很浅近。然而细读全诗,便发现质直中见婉曲,浅近中寓深远。人生一世,有如旅客住店。又像尘土,一忽儿便被疾风吹散。为什么不捷足先登,高踞要位,安享富贵荣华呢?别再忧愁失意,辛辛苦苦,常守贫贱!这段话,是兴致勃勃地说的,是满心欢喜地说的,是直截了当地说的。中间还用了不少褒义词、赞美词。讲"宴会",用"良",用"欢乐",而且"难具陈"。讲"弹筝",用"逸响",用"新声",用"妙入神",用"令(美)德",用"高言"。讲抢占高位要职,也用了很美的比喻:快马加鞭,先踞要津。这里的问题是:主人公是真心宣扬那些时人共有的心愿,还是"似劝(鼓励)实讽","谬悠其词"呢?这首诗蕴含的哲理,涉及一系列人生问题、社会问题,引人深思。

生命短促,人所共识,问题在于如何肯定生命的价值。这首诗的主人公,他有对人生如寄的悲叹,当然也隐含着对于生命的热爱,然而对生命的热爱最终以只图眼前快活的形式表现出来,却是消极的、颓废的。生命的价值,也就化为乌有了。再如《古诗十九首》的第十三首《驱车上东门①》:

驱车上东门,遥望郭北[1]墓。白杨何萧萧,松柏夹广路[2]。下有陈死人,杳杳[3]即长暮。潜寐黄泉下,千载永不寤。浩浩[4]阴阳移,年命如朝露。人生忽如寄,寿无金石固。万岁更[5]相迭,圣贤莫能度[6]。服食求神仙,多为药所误。不如饮美酒,被[7]服纨与素。

注:[1] 郭北:城北。洛阳城北的北邙山上,古多陵墓。
[2] "白杨何萧萧,松柏夹广路",白杨、松柏:古代多在墓上种植白杨、松、柏等树木,作为标志。

① 上东门:洛阳城东面三门最北头的门。

[3]杳:幽暗貌。

[4]浩浩:流貌。

[5]更:更迭。

[6]度:过也,犹言"超越"。

[7]被:同"披"。

这首诗,是主人公用直抒胸臆的形式写出的,表现了东汉末年大动乱时期一部分生活充裕,但在政治上找不到出路的知识分子的颓废思想的悲凉心态。

当然,有时候我们也不太读得懂颓废是源于现实的无奈之感,还是理想的浪漫情态,比如李白的《将进酒》一曲:

君不见黄河之水天上来,奔流到海不复回。君不见高堂明镜悲白发,朝如青丝暮成雪。人生得意须尽欢,莫使金樽空对月。天生我材必有用,千金散尽还复来。烹羊宰牛且为乐,会须一饮三百杯。岑夫子,丹丘生[1],将进酒,杯莫停。与君歌一曲,请君为我倾耳听。钟鼓馔玉[2]何足贵,但愿长醉不复醒。古来圣贤皆寂寞,惟有饮者留其名。陈王昔时宴平乐,斗酒十千恣欢谑。主人何为言少钱,径须沽[3]取对君酌。五花马,千金裘,呼儿将出换美酒,与尔同销万古愁。

注:[1]岑夫子:指岑勋;丹丘生:元丹丘。二人均为李白的好友。

[2]馔玉:美好的食物,形容食物如玉一样精美。

[3]沽:通"酤",买或卖,这里指买。

"将进酒"是唐代以前乐府歌曲的一个题目,内容大多咏唱饮酒放歌之事。在这首诗里,李白"借题发挥"借酒浇愁,抒发了自己的愤激情绪。这首诗非常形象地表现了李白桀骜不驯的性格:一方面对自己充满自信,孤高自傲;一方面在政治前途出现波折后,又流露出及时行乐的消极思想。全诗气势豪迈,感情奔放,语言流畅,具有很强的感染力。

李白咏酒的诗篇极能表现他的个性,这首诗属于长安放还以后所作,思想内容更为深沉,艺术表现更为成熟。

《将进酒》篇幅不算长,却五音繁会,气象不凡。它笔酣墨饱,情极悲愤而作狂放,语极豪纵而又沉着。诗篇具有震动古今的气势与力量,这诚然与夸张手法不无关系,比如诗中屡用巨额数目字("千金"、"三百杯"、"斗酒十千"、"千金裘"、"万古愁"等等)表现豪迈诗情,同时,又不给人空洞浮夸感,其根源就在于它那充实深厚的内在感情,那潜藏在内心如波涛汹涌的郁怒情绪。此外,全篇大起大落,诗情忽禽忽张,由悲转乐、转狂放、转愤激、再转狂放,最后结穴于"万古愁",回应篇首,如大河奔流,有气势,亦有曲折,纵横捭阖,力能扛鼎。

摆脱了现实政治的种种压力,迎着松林吹来的清风解带敞怀,在山间明月的伴照下独坐弹琴,自由自在,悠然自得,这是非常令人舒心惬意的。"松风"、"山月"均含有高洁之意。王维追求这种隐逸生活和闲适情趣,说他逃避现实也好,自我麻醉也罢,无论如何,总比同流合污、随波逐流好。这是在王维《酬①张少府》里我们听到的诉求:

晚年惟好静,万事不关心。自顾无长策[1],空知返旧林。松风吹解带[2],山月照弹琴。君问穷通[3]理[4],渔歌[5]入浦深[6]。

注:[1] 长策:高见。
[2] 吹解带:吹着诗人宽衣解带时的闲散心情。
[3] 穷通:为官之道。
[4] 理:道理。
[5] 渔歌:隐士的歌。
[6] 浦深:河岸的深处。

这是一首赠友诗。全诗着意自述"好静"之志趣。前四句全是写

---

① 酬:回赠。

情,隐含着伟大抱负不能实现的矛盾苦闷心情。由于到了晚年。只好"惟好静"了。颈联写隐逸生活的情趣。末联是即景悟情,以问答形式作结,故作玄解。以不管作答,含蓄而富有韵味,洒脱超然、发人深省。

末了,我们再来看曹雪芹的《好了歌》,它宣扬了一种冷静观照人生的现实主义思想。从宗教的观点看,人们活在世上,建功立业,发财致富,贪恋妻妾,顾念儿孙,全都是被情欲蒙蔽尚不"觉悟"的缘故。这首歌就是用通俗浅近的语言来说明这一切都是靠不住的。跛足道人说:"好便是了,了便是好",又把"好"和"了"的含义引申一层,说只有和这个世界斩断一切联系,也就是说只有彻底的"了",才是彻底的"好"。所以他这首歌就叫《好了歌》:

世人都晓神仙好,唯有功名忘不了!古今将相在何方?荒冢一堆草没了!世人都晓神仙好,只有金银忘不了!终朝只恨聚无多,及到多时眼闭了!世人都晓神仙好,只有娇妻忘不了!君生日日说恩情,君死又随人去了!世人都晓神仙好,只有儿孙忘不了!痴心父母古来多,孝顺儿孙谁见了?

《好了歌》看似消极,实际是对于人生的真实写照,只是太多人被欲望蒙蔽了双眼,只希望看到人生热闹光鲜的一面,不愿意看到人生的全部真相。作者拟作这首《好了歌》,是对他所面临的社会现实的一种批判,尽管是一种冷静而看似消极的批判,实际上有它的真正价值。因为不亲身经历的话,不会说得这么深刻和全面。

曹雪芹(1715—1763),字梦阮,清代小说家。名霑,

曹雪芹雕像

号雪芹、芹圃、芹溪。他出身于一个"百年望族"的大官僚地主家庭,从曾祖父起三代世袭江宁织造一职达六十年之久。后来父亲因事受株连,被革职抄家,家庭的衰败使曹雪芹饱尝了人生的辛酸。他在人生的最后几十年里,以坚忍不拔的毅力,专心致志地从事《红楼梦》的写作和修订,死后遗留下《红楼梦》前八十回的稿子。《红楼梦》内容丰富、情节曲折、思想认识深刻、艺术手法精湛,是中国古典小说中伟大的现实主义作品。

如果说写景诗是借景来抒情的话,咏怀诗的特点就是即事抒怀。诗人往往因一事有感,发而成诗,即为抒怀。这类作品如果扩而大之的话,几乎可以涵盖所有的抒情诗。由于"诗言志"的关系,咏怀的作品相当多,内容包括思亲、送友、怀乡、赠人、表达人生感悟、抒写闲情逸趣等,当然这些内容最终都可以用淑世情怀、超世情调、游世情趣加以统摄。

咏怀诗往往因一点事由而发感慨,所以遇到这类作品,首先要了解引发诗人感慨的事。如张继《阊门即事》:"耕夫占募逐楼船,春草青青万顷田。试上吴门看郡郭,清明几处有新烟。"诗人的感慨是由登上城楼眺望而起。只见田园荒芜,百姓流散,于是诗人有感于募农为兵的政策("占募"句是指农民估量自己要被征兵而逃亡)给人民带来的苦难。

咏怀诗不比叙事诗偏重于叙事,咏怀诗重点在于其"抒怀"的性质,也就是诗中作者不是着重于客观冷静地叙述,而是比较明显地直抒自己的情怀。如李商隐《夜雨寄北》:"君问归期未有期,巴山夜雨涨秋池。何当共剪西窗烛,却话巴山夜雨时。"诗的开头两句以问答的形式和对眼前环境的叙写——这就是"即事",阐发了孤寂的情怀和对妻子深深的怀念——这就是抒怀,后两句设想来日重逢谈心的欢悦,反衬今夜的孤寂,这是进一步抒怀。

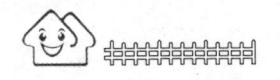

第九章

六朝如梦鸟空啼——咏史篇

咏史诗是我国古代诗歌中重要的一类,是以历史为客体对象来抒写主体情志的诗歌。咏史诗大多针对具体的历史事件或历史人物有所感慨或有所感悟而作。咏史诗发端于秦汉时期,而唐代是咏史诗创作的成熟与繁荣期。

当然,许多诗人创作怀古咏史的诗篇,往往不只是为发古人之幽思,他们常常把史实与现实结合在一起,或是感慨个人遭遇,或是评论社会时政,借古讽今是常见的表现手法。比如金陵这座古城,东吴、东晋、宋、齐、梁、陈六朝均建都于此,这些朝代,均偏安一隅,在它们悲恨相续的史实中蕴含着极深刻的历史教训,所以"金陵怀古"后来几乎成了咏史诗中的一个专题。在国运衰微之际,它更是成为关心政治的诗人常取的题材,如刘禹锡的《金陵怀古》就属于此类。另有一类咏史诗,诗人会对历史作冷静的理性的思考,自己并不置身其中,只用史实或就史实作出假设,表明自己的情感倾向,如杜牧的《题乌江亭》。

怀古诗常触及诗人心灵的最深处,具有很高的鉴赏价值。而怀古诗的结构特征则一般是临古地、忆其事、思古人、抒己志等。

临古地——前代的都城:咸阳、长安、金陵、姑苏、洛阳、汴京等。

忆其事——发生过重大事件的地点:骊山、赤壁、新亭、隋堤、马嵬、华清宫、汴河等。

思古人——历代帝王与名人的故居、陵墓、祠庙:湘妃祠、乌江亭、陈琳墓、李白坟等。

抒己志——以特定的历史时期以比拟自己的志向:六朝、隋代、安史之乱、南唐后蜀等。

一个非常奇特的现象就是,对于咏史诗来说,很难对它严格进行地分类,因为一首诗中,往往是作者身临故地,对古人古事有所感慨,同时也会将自己的情感色彩融入其中。鉴于这种情形,我们只能勉强以诗歌表达的主要内容为分类标准,将其分为追忆古事类和追思古人类。以被追忆的时代和历史事件为顺序,我们先来看追忆古事类的作品。

姑苏山,在今江苏苏州市。春秋吴王阖闾开始在山上建台,在其子夫差时竣工,人称姑苏台。其台横亘五里,夫差曾在台上备宫妓千人,又造春宵宫,为长夜之饮。越国攻吴,吴太子友战败而焚之。后人常借吟咏姑苏台来抒发对吴越争霸历史的感喟。诗人许浑舟行经过姑苏,登台吊古作《姑苏怀古》:

宫馆余基辍棹过,黍苗无限独悲歌。荒台麋鹿争新草,空苑岛凫占浅莎。吴岫雨来虚槛冷,楚江风急远帆多。可怜国破忠臣死,日月东流生白波。

这首诗以叙事起,以绘景结,中间两联以写实和象征兼用之笔承转首尾,使通篇圆转流畅,同时又以"独悲"二字统领全诗,在整个意境空间中灌注伤今悲古的悲怆凄凉之气,与诗人五律诗的"高华雄浑"形成迥然不同的风格。这种风格极为后人推崇。宋人范晞文说:"用物而不为物所赘,写情而不为情所牵,李、杜之后,当学者许浑而已。"可见许浑七律,在唐朝诗人中,是占有很高地位的,此诗亦可以证明这一点。

许浑,唐文宗大和六年(832年)进士及第,晚年归润州丁卯桥村舍闲居,自编诗集,曰《丁卯集》。句法圆熟工稳,声调平仄自成一格,即所谓"丁卯体"。他是晚唐最具影响力的诗人之一,后人拟许浑与诗圣杜甫齐名。

唐宣宗大中初年,马戴由山西太原幕府掌书记,被贬为龙阳尉,自江北来江南,行于洞庭湖畔,触景生情,追慕先贤屈原,感伤身世,而写下了《楚江怀古》五律三章,这是第一首:

露气寒光集,微阳下楚丘。猿啼洞庭树,人在木兰舟[1]。广泽生明月,苍山夹乱流。云中君[2]不见,竟夕自悲秋。

注:[1] 木兰舟:此因楚江而用《楚辞》中的木兰舟。木兰:小乔木。
　　[2] 云中君:本《楚辞·九歌》篇名,为祭祀云神之作,此处因楚江而想到《九歌》。

诗虽题"怀古",却泛咏洞庭景致。诗人履楚江而临晚秋,时值晚唐,不免"发思古之幽情",感伤自身不遇。首联先点明薄暮时分;颔联上句承接"暮"字,下句才点出人来;颈联就山水两方面写夜景,"夹"字犹见凝练;尾联才写出"怀古"的主旨,为后两首开题,而以悲愁作结。全诗风格清丽婉约,感情细腻低回。李元洛评曰:"在艺术上清超而不质实,深微而不粗放,词华淡远而不艳抹浓妆,含蓄蕴藉而不直露奔迸。"的确如此。

杜牧于会昌元年(841年)在池州做刺史时,过乌江亭。旧传这是"楚汉争霸"时期,项羽失败自刎之处。项羽溃围,来到乌江,乌江亭长建议他渡江回去,招兵买马,东山再起。项羽觉得愧对江东父兄,羞愤自杀。杜牧《题乌江亭》写道:

胜败兵家事不期,包羞忍耻是男儿。江东子弟多才俊,卷土重来未可知。

这是咏叹项羽兵败、自刎乌江的诗。开头两句,就事论事,批判项羽的不能"包羞忍耻";三、四句就史实作出另样假设,表达了惋惜之意,从而表明了"男儿"应当能屈能伸、屡败不馁的道理,是颇有积极意义的。同样的题材,王安石也写了一首《题乌江亭》,却说"江东子弟今虽在,肯为君王卷土来?"他感到项羽的失败是历史的必然。可见,对于同一题材,诗人们有时从不同的角度去思考,就会有不同的看法,这不但体现了诗人不同的艺术技巧,也反映了他们不同的历史观和人生观。

这首诗针对项羽兵败身亡的史实,批评他不能总结失败的教训,不善于把握机遇,不善于听取别人的建议,不善于得人、用人,惋惜他负气自刎,使如日中天的英雄事业归于覆灭,诗中暗寓讽刺之意。

古今多少事,都付笑谈中。三国的往事,留给后人太多谈资。陈子昂登临岘山,不觉发思古之幽情,写下《岘山①怀古》这首怀古诗:

秣马[1]临荒甸[2],登高览旧都[3]。犹悲堕泪碣[4],尚想卧龙图[5]。城邑遥分楚[6],山川半入吴[7]。丘陵徒自出,贤圣几凋枯!野树苍烟断,津楼晚气孤。谁知万里客[8],怀古正踟蹰[9]。

注:[1] 秣马:喂马,放马。
 [2] 荒甸:郊远。
 [3] 旧都:指古襄阳城。
 [4] 堕泪碣:即岘山上的羊祜碑(碑为方形,碣为圆形,这里即指碑)。
 [5] 卧龙图:指诸葛亮的谋略。应专指《隆中对》。
 [6] 城邑遥分楚:战国时襄阳为秦、楚交界之处。
 [7] 山川半入吴:襄阳在汉水之滨,汉水入长江,长江、汉水经楚入吴。
 [8] 万里客:离家远行的游子,指作者自己。
 [9] 踟蹰:忧愁徘徊的样子。

开头二句说"秣马临荒甸,登高览旧都"。外城为郭,郭外为郊,郊

---

① 岘山,又名岘首山,在湖北襄阳城南九里处。

外为甸,秣马于荒甸,说明岘山在襄阳郊外。建安十三年(208年),曹操平荆州,立襄阳郡,自此"冠盖相望,一都之会也"。诗人登临岘山,俯瞰襄阳,不禁想到晋朝的羊祜、三国的诸葛亮。羊祜喜游山,常登岘山,终日不倦,曾对从行者说过:"自有宇宙,便有此山,由来贤达胜士,登此远望,如我与卿者多矣!皆湮灭无闻,使人悲伤,如百岁后有知,魂魄犹应登此也。"羊祜为太守,清名远扬,很受百姓的爱戴,且有献策平吴之功,终身清廉不营私,唯对岘山的青峰白云流连不已。羊祜病笃,荐杜预自代,年五十八卒。襄阳百姓在岘山、羊祜平生游憩之所,建碑立庙以纪念,望其碑者,无不流涕。后人为碑起名为"堕泪碑",这就是陈子昂诗中所说的"堕泪碣"。

曹操伐刘表时,表已卒,刘备屯兵樊城,闻讯赴襄阳。曹操即派精锐追击,刘备兵溃于当阳、长坂;诸葛亮受命于危难之间,东结孙吴,共御曹魏。赤壁之战,奠定鼎足之势,功盖三分,名成八阵。诗人登临岘山,俯见襄樊,不能不缅怀以南阳布衣而名垂寰宇的诸葛武侯。

曹操雕像

三、四句诗人怀想羊祜、诸葛,"犹悲"、"尚想",点明"怀古",也抒发诗人斯人虽逝,而凭吊弥深的感情。五、六两句则转谈三国事,而并非仅就山川而言,其间包含了"人谋胜天险"的寓意。羊祜献平吴之策,晋灭东吴;诸葛用联吴之策,以抗曹魏;刘备因意气用事,败于夷陵;孙皓残暴多疑,终致亡国。面对四百多年前的历史遗迹,诗人不禁发出慨叹。

岘山之南,有后汉襄阳侯习郁故居。习郁在此引水作养鱼池,筑以高堤,间种楸、竹。秋来,楸丝垂垂,修竹亭亭,景致怡人。晋朝时的征南将军山简,都督荆、湘、交、广四州,镇守于襄阳,每过习郁园池,必痛饮至大醉方归。常说:"此我高阳池。"

刘表(字景升)治襄阳时,筑景升台,常登层台之上歌《野鹰来》曲,死后,葬襄阳城东门外二百步。杜甫十三世祖、镇南大将军杜预(字元凯),曾在襄阳兴水利,百姓称之为"杜父"。杜元凯作两碑,一碑沉万山山下潭水中;另一沉岘山山下水中,碑文述己之功业。陈子昂在此即借杜元凯沉碑事,并引申其意,即百年之后,深谷若突起为丘陵,亦是徒然。空有丘陵出,无数英雄豪杰、古圣先贤,都已经凋零作古了。

"野树苍烟断,津楼晚气孤。"沔水经过习郁的邑城,出安昌县东北大父山,西南流,注于白水,南面有汉光武故宅,后汉人苏伯阿曾在此"望气",称白水乡光武宅有郁郁葱葱的兴旺佳气。陈子昂借此慨叹郁郁葱葱之气已经中断消失了。"苍烟断"、"晚气孤",诗人借景抒怀,表达他对时政的忧心焦虑。

"谁知万里客,怀古正踌躇。"诗人来自蜀山之中,所以自称"万里客","谁知"表现了诗人孤寂落寞的心境,"踌躇"指惆怅而徘徊。当诗人凭吊遗踪的时候,缅怀治世良材、有为的将帅以及像羊祜、诸葛亮那样永远为百姓思念的贤臣良相,更希望这样的贤圣,代代不绝。

一个有抱负的人,登山远眺,往往感慨万千。何况所登之山是一座有着丰厚历史底蕴的名山,所眺望之城是一座有着悠久文化的古城。诗中涉及许多典故,无一不是和岘山、襄阳有关的。这首诗,抒发了诗人怀古之思,也是诗人对他所处的时代的含蓄抨击。陈子昂一直是一个孤独者,此诗和《登幽州台歌》所表达的情绪一脉相承。全诗既是一首高度浓缩、含义深长的山水诗,也是一首沉郁的政治抒情诗。

诗人韦庄的《台城①》也是一首很典型的咏史诗:

江雨霏霏江草齐,六朝如梦鸟空啼。无情最是台城柳,依旧烟笼十

---

① 台城,六朝时是帝王荒淫享乐的场所,旧址在南京玄武湖旁。

里堤。

这首诗中,诗人通过咏怀台城古迹,回顾六朝旧事,有今之视昔好比后之视今之感。表达了诗人对国家的忧思。全诗思想不免有些消极,但侧面烘托、虚处传神的艺术手法,仍可借鉴。

台城非古城与台城相近的金陵,历代于此的咏史篇的数量是最多的,最著名的属刘禹锡的《金陵怀古》。宝历二年(826年)冬,刘禹锡由和州返回洛阳,途经金陵。写下此诗:

潮满冶城渚,日斜征虏亭。蔡洲新草绿,幕府旧烟青。兴废由人事,山川空地形。后庭花一曲,幽怨不堪听。

从诗中的写景看来,这诗大概写于次年初春。《贞一斋诗说》说:"咏史诗不必凿凿指事实,看古人名作可见。"刘禹锡这首诗就是这样,首联从题前摇曳而来,尾联从题后迤逦而去。前两联只点出与六朝有关的金陵名胜古迹,以暗示千古兴亡之所由,而不是为了追怀一朝、一帝、一事、一物。至后两联则通过议论和感慨借古讽今,揭示出全诗主旨。

"后庭花"这个典故出自《陈书·列传·后主沈皇后》。南北朝时期,陈国国君后主陈叔宝于开皇四年(584年)在光照殿前,建造起临春、结绮和望仙三楼阁。陈叔宝住在临春阁,张贵妃住在结绮阁,龚贵嫔和孔贵嫔住在记仙阁。这三座楼阁,都用架空的平道相通,可以直接往来。陈后主每次召宾客与贵妃在一起游乐、饮酒,就叫来各个贵人以及有才学的宫女和狎客在一起作诗,互相赠答。从中选出特别艳丽的诗作,当做歌词,再配上新的曲调,挑选一千多名长得漂亮的宫女,命令她们学唱。

宫女们学会后,再分队轮流演唱。他用这样的形式来享乐。陈后主编的新曲子有《玉树后庭花》、《临春乐》等,其歌词大概的意思,都是称颂张贵妃和孔贵嫔姿色美丽的。由于陈后主荒淫无道,使张贵妃与孔贵嫔的权势很大,气焰威逼朝廷。朝廷中文官武将,也不得不顺从她们的意向。而那些宦官以及靠阿谀奉承度日之人,更是内外勾结,公开行贿受贿,奖赏与处罚也没有什么标准。结果国家的政纪、法纪全乱套了。现通常用此典故比喻历代帝王败国亡家的预兆,故此曲被喻为"亡国之音"。

刘禹锡及其诗风颇具独特性。他性格刚毅,饶有豪猛之气,在忧患相仍的谪居年月里,确实感到了沉重的心理苦闷,吟出了一曲曲孤臣的哀唱。但他始终不曾绝望,有着一个斗士的灵魂,无论短章长篇,大都简洁明快,风情俊爽,有一种哲人的睿智和诗人的挚情渗透其中,极富艺术张力和雄直气势。他的另一首与金陵有关的诗《乌衣巷①》,也是千古流传:

朱雀桥边野草花,乌衣巷口夕阳斜。旧时王谢堂前燕,飞入寻常百姓家。

这首怀古诗,凭吊东晋时南京秦淮河上朱雀桥和南岸的乌衣巷的繁华鼎盛。而今它们已野草丛生,荒凉残照。感慨沧海桑田,人生多变。以燕栖旧巢唤起人们想象,含而不露;以"野草花"、"夕阳斜"涂抹背景,美而不俗。语虽极浅,味却无限。

我们知道,隋堤上刻烙着隋炀帝的历史。隋炀帝杨广是历史上臭名远播的昏君、暴君,他用尽一切兵力去疏浚河流,并以"猛虎"自居,刚愎自用,狂妄横逆。唐代诗人张祜对他的斥责之情毫不掩饰。在《隋堤怀古》中张祜写道:

隋季穷兵复浚川,自为猛虎可周旋。锦帆东去不归日,汴水西来无

---

① 乌衣巷:在南京。晋朝时王导、谢安两大家族居住于此,其子弟都穿乌衣,因此得名。

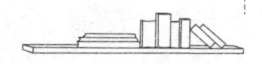

尽年。本欲山河传百二,谁知钟鼎已三千。那堪重问江都事,回望空悲绿树烟。

站在隋堤上,昔日隋炀帝穷奢极欲、荒淫无度如在眼前。诗人不只是追悼,更多的是面对现实,"以史为镜",照出当朝帝王已经踏上古朝的覆辙,为当朝一步步走向灭亡的深渊而忧心不已。在中晚唐的帝王中,除去文宗李昂还有一些去奢从俭的图治之意,其余的帝王大多如南朝的风流天子一样,生活腐化,荒淫无度,所有的精力都放在声色犬马等现实享乐之中。所以张祜面对如此让人忧心的现实,不堪回首炀帝南游江都,日夜纵酒荒淫,最后被缢死江都宫中这一悲惨历史。无奈此时诗人不过是一介草民,人贱言微,无力回天,根本不可能力挽狂澜拯救衰世,高度的历史责任感和批判精神只能化为声声无奈的叹息、深深的哀虑,只能"空悲绿树烟"。

张祜是中晚唐之交的著名诗人。他性情狷介,命途蹭蹬。然而不平则鸣,他的诗歌唱却因此而写得风骨遒劲,独具性情,能卓然自立于作者之林。

比刘禹锡稍晚的皮日休,字袭美,一字逸少,生卒年不祥。襄阳竟陵人(今属湖北天门市),懿宗咸通进士。与陆龟蒙并称"皮陆"。他的《汴河怀古》也是写隋炀帝的:

〔其一〕万艘龙舸绿丝间,载到扬州尽不还[1]。应是天教开汴水[2],一千余里地无山。

〔其二〕尽道隋亡为此河,至今千里赖通波。若无水殿龙舟事[3],共禹论功[4]不较多?

注:[1]载到扬州尽不还:隋炀帝杨广游览扬州时被部将宇文化及杀死。
   [2]汴水:即京杭大运河。
   [3]水殿龙舟事:隋炀帝下扬州乘龙舟看风景的事。

[4] 共禹论功：作者在这里肯定了京杭运河的积极意义，是可以和大禹治水的功绩相比的。

第一首诗描述了隋炀帝游览扬州的豪华船队以及大运河的地理环境，诗中隐含了隋炀帝被部将宇文化及杀死的历史事实。数艘龙船行驶在嫩绿的杨柳间，这些船行到扬州没有一艘回到长安。这里一千余里地方没有山峦，应该天生是用来开凿汴水的。

第二首诗第一句从隋亡于大运河这种论调说起，而以第二句反面设难，予以批驳。诗说：很多研究隋朝灭亡原因的人都归咎于运河，视为一大祸根，然而大运河的开凿使南北交通显著改善，对经济联系与政治统一有莫大好处，历史作用深远。用"至今"二字，以表其造福后世时间之长；说"千里"，以见因之得益的地域之辽阔；"赖"字则表明其为国计民生之不可缺少，更带赞许的意味。此句强调大运河的百年大利，一反众口一词的论调，使人耳目一新。这就是唐人咏史怀古诗常用的"翻案法"。翻案法可使议论新颖，发人所未发，但要做到不悖情理，却是不易的。大运河固然有利于后世，皮日休是从两个不同角度来看开河这件事的。

作者生活的时代，政治腐败，已走上隋亡的老路，对于历史的鉴戒，一般人的感觉已很迟钝了，而作者却有意重提这一教训，意味深长。此诗以议论为主，在形象思维、情韵等方面较李商隐《隋宫》一类作品不免略逊一筹；但在立意的新奇、议论的精辟和"翻案法"的妙用方面，自有其独到处，仍不失为晚唐咏史怀古诗中的佳品。

最后，还有一首忆古事的诗，也常常为人提起。这首诗所写的是南宋太师贾似道统领十余万人马，抵抗南侵的元军，煞有介事，而人们似乎也天真地抱持以强烈的希望。然而，惊若沙鸥、畏敌如虎的宋军，一听到元军吹起的号角，即已溃不成军，一溃再溃，直到扬州登岸。可是事情并没有完，贾似道仍然故技重施，摇旗呐喊，招集残兵。此情此景，还有多少人相信贪生怕死的奸臣还能拯家救国，但见江船里，士兵的咒骂声连成一片。到处弥漫着逃跑、退缩、内讧与败亡的气息。结果一次声势浩大的军事行动,却变成了一场令人啼笑皆非的闹剧。清代庠生王绪有感此事,写下《丁洲①怀古》一诗,讥刺与冷嘲的意味,流溢而出:

特统精兵御上游[1],笳[2]吹先遁惊若鸥[3]。扬州空把残旗耀,赢得舟中骂不休[4]。

注:[1]"特统"句:据乾隆《铜陵县志》和有关宋史,宋恭宗德祐元年(1275年)二月,元军大将伯颜率领水陆大军由池州顺江而下,直抵南宋江浙一带。南宋调集十余万人马,由太师贾似道统领抵抗。但宋将畏敌而战事不利,又兼贾似道退缩逃跑,于是元军乘机追杀,致使宋军伤亡惨重。贾似道:其父为官狡贪,后依其姐为理宗妃而鸡犬升天,生活腐败,政治上钩心斗角,权倾朝野。

[2]笳:胡笳,这里指元军的号角。

[3]惊若鸥:形容畏敌的宋军。

[4]"扬州"两句:指宋军败后,贾似道至扬州登岸,摇旗招集残兵,但江船里的士兵不听,尽皆咒骂。赢得:落得,剩得。

本诗为诗人登上军事要地丁家洲追思往昔的作品,刻写奸臣无能误国,抒发了山河家国的情怀。

我们再来欣赏咏史诗中表达追思古人的这类作品。西汉初年贾谊贬长沙,已成为诗人们抒写不遇之感的熟滥题材。李商隐的《贾生》就是其中著名的一首:

宣室[1]求贤访逐臣,贾生才调更无伦。可怜夜半虚前席,不问苍生问鬼神。

---

① 丁洲:在今安徽铜陵。

注:[1] 宣室:汉未央宫前殿的正室。

诗人独辟蹊径,特意选取贾谊自长沙被召回,宣室夜对的情节作为题材,尖锐地指出统治者不可能真正地重视人才,让他们在政治上发挥应有的作用。李商隐把从古以来贤才不得重用的叹息与自身流落不遇的感慨,通过贾谊的典型事例抒写出来。诗人感叹了贾生,讽刺了汉文帝不为国家大计求贤,只为问神求仙。这首诗叙事与议论相结合,词锋犀利,含义深刻丰富。诗的前两句,是欲抑故扬,汉文帝名为求贤,而无求贤之实。后两句以"不问苍生问鬼神"的事实,鞭挞文帝不重视人才,感叹贾谊满腹才学却不被重用,只是为了满足文帝的好奇心。

贾谊画像

古代四大美女之一的王昭君是汉代的另一个悲剧典型,为后世文人墨客所唏嘘感慨。《咏怀古迹(其三)》是杜甫经过昭君村时所作的咏史诗。想到昭君生于名邦,殁于塞外,去国之怨,难以言表,因此,主题落在"怨恨"二字。"一去"二字,是怨的开始,"独留"两字,是怨的终结。作者既同情昭君,也感慨自身。沈德潜说:"咏昭君诗此为绝唱。"全诗如下:

群山万壑赴荆门,生长明妃尚有村。一去紫台连朔漠,独留青冢向黄昏。画图省识春风面,环佩空归月夜魂。千载琵琶作胡语,分明怨恨曲中论。

"群山万壑赴荆门,生长明妃尚有村",首先点出昭君村所在的地方。据《一统志》说:"昭君村,在荆州府归州东北四十里。"其地址,即在今湖北秭归县的香溪。杜甫写这首诗的时候,正住在夔州白帝城。这是三峡西头,地势较高。他站在白帝城高处,东望三峡东口外的荆门山及其附近的昭君村。两处远隔数百里,本来是望不到的,但他发挥想象力,由近及远,构想出群山万壑随着险急的江流,奔赴荆门山的雄奇壮丽的图景。他就以这个图景作为此诗的首句,起势很不平凡。

"一去紫台连朔漠,独留青冢向黄昏。"这两句才写到昭君本人。诗人只用这样简短而雄浑有力的两句诗,就写尽了昭君一生的悲剧。

"画图省识春风面,环佩空归夜月魂。"这是紧接着前两句,更进一步写昭君的身世家国之情。由于汉元帝的昏庸,对后妃宫人们,只看图画不看人,把她们的命运完全交给画工们来摆布。说元帝从图画里略识昭君,实际上就是根本不识昭君,所以就造成了昭君葬身塞外的悲剧。接着写她怀念故国之心,永远不变,虽骨留青冢,魂灵还会在月夜回到她生长的父母之邦。

"千载琵琶作胡语,分明怨恨曲中论。"这是此诗的结尾,借千载作胡音的琵琶曲调,点明全诗写昭君"怨恨"的主题。琵琶本是从胡人传入中国的乐器,经常弹奏的是胡音胡调的塞外之曲,后来许多人同情昭君,又写了《昭君怨》、《王明君》等琵琶乐曲,于是琵琶和昭君在诗歌里就密切难分了。

前面已经反复说明,昭君的"怨恨"尽管也包含着"恨帝始不见遇"的"怨思",但更主要的,还是一个远嫁异域的女子永远怀念乡土、怀念故土的怨恨忧思,它是千百年中世代积累和巩固起来的对自己的乡土和祖国的最深厚的共同感情。

杜甫的诗题叫《咏怀古迹》,说明他在写昭君的怨恨之情时,是寄托了自己的身世家国之情的。他当时正"飘泊西南天地间",远离故乡,处境和昭君相似。虽然他在夔州,距故乡洛阳偃师一带不像昭君出塞那样远隔万里,但是"书信中原阔,干戈北斗深",洛阳对他来说,仍然是可望而不可即的地方。他寓居在昭君的故乡,正好借昭君当年想念故土、夜月魂归的形象,寄托自己想念故乡的心情。

此外,杜甫另还有一首写诸葛亮的著名咏史诗《蜀相》,是他定居成都草堂后,第二年游览武侯祠时创作的一首咏史诗。作者借游览古迹,称颂蜀汉丞相诸葛亮辅佐两朝,惋惜他出师未捷而身死。既有尊蜀正统观念,又有才困时艰的感慨。字里行间寄寓感物思人的情怀。写诸葛亮雄才大略和忠心报国,叹惜他壮志未酬身先死的结局,引得千载英雄事业未竟者的共鸣:

丞相祠堂[1]何处寻?锦官城[2]外柏森森。映阶碧草自春色,隔叶黄鹂空好音。三顾频烦天下计,两朝开济[3]老臣心。出师未捷身先死,长使英雄泪满襟。

注:[1] 丞相祠堂:即诸葛武侯祠,在现在成都,晋李雄初建。
　　[2] 锦官城:现四川省成都市。成都的别名。
　　[3] 两朝开济:指诸葛亮辅助刘备开创帝业,后又辅佐刘禅。

杜甫虽然怀有"致君尧舜"的政治理想,但他仕途坎坷,抱负无法施展。他写《蜀相》这首诗时,"安史之乱"还没有平息。目睹国势艰危,生灵涂炭,而自身又请缨无路,报国无门,因此对开创基业、挽救时局的诸葛亮,无限仰慕,倍加敬重。

这是一首感情极为浓烈的政治抒情诗。诗的前四句,描写祠堂之景,在描写中隐然流露出同样是忠君爱国者的杜甫对于诸葛亮的迫切仰慕之情。诗起首联两句,总领全篇,从远观的角度由全貌着笔作概括叙写,自为问答,诗人以近乎口语化的诗句点出了武侯祠堂的地理位置和古柏森森的自然环境,一个"寻"字,道出了诗人急欲瞻仰武侯祠堂的心绪。

颔联二句,近写祠庙荒凉之景,"映阶碧草"、"隔叶黄鹂"突出了春色之怡目,好音之悦耳。然诗人用一个"自"、一个"空",则突出了丞相祠堂却是如此凄凉寂寞,虽然盎然的春色美好诱人,但少见有人来。以此景中含情的描写,过渡到后半篇作者自己站出来对诸葛亮进行评论与哀悼,便显得前后紧密呼应,感情十分真挚强烈。

诗的后四句是对诸葛亮进行评论与哀悼。"颈联"两句,诗人笔锋一转,胸臆直泄,以高度凝练的语言概括了诸葛亮一生的生活际遇、政治理想和辅国功业。"三顾"句令人想起三顾茅庐和隆中决策,"两朝"句更令人想起诸葛亮辅佐先主刘备、后主刘禅两朝,取两川、建蜀汉、白帝托孤、辅佐刘禅的情形。诸葛亮可以说是殚精竭虑、忠贞不渝,尽了"老臣"之心。透过诗人饱含深情的诗句,诸葛亮这位"效忠贞之节,继之以死"的丞相一生的事业,以及他对后人的感召力量,得以充分体现,感人至深。

"尾联"两句是全诗的点睛之笔,道出千古失意英雄的同感。可谓《蜀相》的"诗眼"。诸葛亮为兴复汉室,六出祁山终病死五丈原,可谓壮志未酬而身先亡,诗人饱经丧乱而屡失意,也未能实现自己的抱负,怎能不激起失意英雄的仰慕和叹惋之情呢?这两句沉挚悲壮,震撼人心。

唐玄宗李隆基与贵妃杨玉环之间悲欢离合的故事,不知引发了多少文人墨客的诗情文思。白居易著名的《长恨歌》,在揭示唐玄宗宠幸杨贵妃而造成政治悲剧的同时,也表达了对二人爱情悲剧的同情。袁枚作《马嵬》却能不落俗套,别翻新意,将李、杨爱情悲剧放在民间百姓悲惨遭遇的背景下加以审视,强调广大民众的苦难远非帝妃可比。

莫唱当年长恨歌,人间亦自有银河。石壕村里夫妻别,泪比长生殿上多。

"莫唱当年长恨歌,人间亦自有银河"两句,表现了诗人对下层百姓疾苦的深切同情;"泪比长生殿上多"一句,揭露了社会上的种种不幸迫使诸多夫妻不能团圆的现实。全诗借吟咏马嵬抒情,提倡诗歌要多反映人民苦难生活的主张,表现了作者进步的文学创作观点。

袁枚少有才名,擅长写诗文,24 岁参加朝廷科考,试题是《赋得因风想玉珂》,诗中有"声疑来禁院,人似隔天河"的妙句,然而考官们以为"语涉不庄,将置之孙山",幸得当时大司寇(刑部尚书)尹继善挺身而出,才免于落榜,得中进士,授翰林院庶吉士。32岁时因父亲亡故,他辞官养母,在江宁(今南京)购置隋氏废园,改名"随园",筑室定居,世称随园先生。好友钱宝意作诗颂赞他:"过江不愧真名士,退院其如未老僧。领取十年卿相后,幅巾野服始相应。"他亦作一副对联:"不作高官,非无福命祗缘懒;难成仙佛,爱读诗书又恋花。"自此,他在随园过了近50年的闲适生活,他在给友人程晋芳的信中说:"我辈身逢盛世,非有大怪癖、大妄诞,当不受文人之厄。"袁枚晚年游历南方诸名山,与诗友交往。生平喜称人善、奖掖士类,提倡妇女文学,广收女弟子,为当时诗坛所宗。袁枚与赵翼、张问陶(船山)并称"乾嘉性灵派"三大家。

　　咏史诗是以历史为客体来抒写主体情志的诗歌,所以咏史诗又叫怀古诗。它怀念对象当然就是古代的人物和事迹。诗人以历史事件、历史人物、历史陈迹为题材借登高望远、咏叹史实、怀念古迹、凭吊古人来达到感慨兴衰、寄托哀思、托古讽今等目的。这类诗由于多写古人往事且多用典故,手法委婉,往往将史实与现实扭结到一起,或感慨个人遭遇或抨击社会现实。

　　历史中有着丰厚而生动的诗歌素材,诗人直面现实,以史咏情,表现出对现实的深沉关怀。诗人的感情是最丰富的,诗人借助于诗歌对历史进行思考,这就使得怀古咏史诗比那些精辟的史论文章更富有魅力更能广泛流传。

图书在版编目(CIP)数据

中国诗歌入门寻味:何飞编著.—贵阳:
贵州人民出版社,2013.9(2021.3重印)
ISBN 978-7-221-11287-3

Ⅰ.①中… Ⅱ.①何… Ⅲ.①诗歌史-中国-青年读物 ②诗歌史-中国-少年读物 Ⅳ.①I207.209-49

中国版本图书馆CIP数据核字(2013)第201260号

中国诗歌入门寻味

何 飞 编著

出版发行	贵州出版集团 贵州人民出版社
地　　址	贵阳市中华北路289号
责任编辑	徐 一
封面设计	连伟娟
印　　刷	三河市腾飞印务有限公司
规　　格	850mm×1168mm 1/16
字　　数	150千字
印　　张	12.75
版　　次	2014年7月第1版
印　　次	2021年3月第2次印刷

书　号:ISBN 978-7-221-11287-3　定价:33.00元

"快乐阅读"书系首批书目

语文知识类
秒杀错别字
点到为止
　　——标点符号的正确使用
当心错读误义
　　——速记多音字
错词清道夫
巧学妙用汉语虚词
别乱点鸳鸯谱
　　——汉语关联词的准确搭配
似是而非惹的祸
　　——常见语病治疗
难乎？不难！
　　——古汉语与现代汉语句法比较

作文知识类
议论文三步上篮
说明文一传到位
快速格式化
　　——常见文体范例

数学知识类
情报保护神——密码

来自航海的启发——球面几何
骰子掷出的学问——概率
数据分析的基石——统计

文学导步类
中国诗歌入门寻味
中国戏剧入门寻味
中国小说入门寻味
中国散文入门寻味
中国民间文学入门寻味

文学欣赏类
中国历代诗歌精品秀
中国历代词、曲精品秀
中国历代散文精品秀

语言文化类
趣数汉语"万能"动词

个人修养类
中国名著甲乙丙
世界名著ABC